CONTES

POPULAIRES

DE LA RUSSIE

CONTES

POPULAIRES

DE LA RUSSIE

RECUEILLIS

Par M. RALSTON, du British-Museum

AUTEUR
DES CHANTS POPULAIRES DE LA RUSSIE, ETC.

Et traduits avec son autorisation

Par LOYS BRUEYRE.

PARIS

LIBRAIRIE HACHETTE ET Cie

79, BOULEVARD SAINT-GERMAIN, 79

1874

Tous droits réservés.

IMPRIMERIE CENTRALE DES CHEMINS DE FER. — A. CHAIX ET Cⁱᵉ,
RUE BERGÈRE, 20, A PARIS.

A MON NEVEU ÉDOUARD D.-B.

1ᵉʳ janvier 1874.

Mon cher Neveu,

Lorsque j'étais un tout petit enfant comme toi, la bonne négresse aux soins de laquelle j'étais confié avait coutume, pour m'endormir le soir, de me conter dans son doux et gracieux langage créole, de ces contes naïfs de nos colonies françaises, qui ne sont que les échos de ceux de la mère patrie. — Et quand ma négresse avait terminé son récit, je ne trouvais pour la remercier que ce seul mot : Encore !...

Docilement, affectueusement, elle en commençait un nouveau; mais bientôt mes yeux se fermaient. Alors, elle me prenait dans ses bras, me portait dans mon lit sans me réveiller, puis mettant ma petite main dans la sienne, elle me faisait faire le signe de la croix. Elle me disait alors : « Dors avec le petit Jésus ». Et je dormais jusqu'au matin de ce doux sommeil d'enfant qui fait la joie des mères.

Plus tard, devenu grand, je suis toujours resté sous le charme de ces récits qui avaient amusé mon enfance, et, maintes fois, j'ai regretté que ces contes, que les nègres se transmettent par simple tradition orale, n'aient pas trouvé quelqu'un qui les fixât par écrit. Avec quel plaisir j'eusse recherché, en les lisant, les émotions de mon enfance! Hélas! celle qui me les racontait, depuis longtemps n'est plus.

Aussi, cher enfant, en me rappelant la joie et la terreur que soulevaient en toi, lorsque je te tenais sur mes genoux, ces *Contes populaires russes* que je venais de lire et que j'aimais à te répéter, j'ai pensé que tu serais bien aise, quand à ton tour tu serais grand, de les entendre encore. J'ai donc entrepris la traduction de ces contes que je te dédie. — Peut-être aussi ai-je caressé l'idée qu'en les lisant un jour, le souvenir de ton oncle reviendrait en même temps qu'eux à ta mémoire.

Loys BRUEYRE.

INTRODUCTION

A L'USAGE DE CEUX DE MES LECTEURS QUI CHERCHENT LE SOMMEIL

> Nil sub sole novum.

Le nombre des Skaskas, ou contes populaires, que, dans leurs longues veillées d'hiver, se racontent les paysans de la Russie, est considérable.

A ne s'occuper que de ceux qui ont été recueillis par des écrivains russes tels qu'Afanasieff, Khudiakoff et autres, on en compte près de six cents. Beaucoup de ces légendes ne sont, il est vrai, que des variantes d'une seule et même histoire. On comprend, en effet, que ces contes, en passant de bouche en bouche, de province en province, de génération en génération, aient dû, au contact des transformations sociales et religieuses qu'ils traversaient, se charger de détails différents suivant les hommes et les choses, parfois même se modifier plus ou moins profondément. — C'est ainsi que tel conte, d'origine païenne, s'est transformé, au souffle du christianisme naissant, en une pieuse légende d'un des saints patrons de la Russie, en général saint Nicolas. Tel autre, né dans les pays aimés du soleil, en passant dans les froids climats du Nord, a changé sa robe aux éclatantes couleurs contre un vêtement de glace et de frimas.

Le nombre des contes originaux est donc plus restreint qu'il ne le semble d'abord. Parmi eux, M. Ralston (1) a choisi ceux qui sont traduits dans ce volume et qui lui ont paru pouvoir être pris, plus particulièrement, comme types : les uns, de sujets mythiques, comme les incarnations différentes de l'esprit du mal, la personnification de choses inanimées ou d'existences purement psychologiques ; les autres, de contes de sorcières, ou d'histoires de revenants, ou de légendes de saints.

Sans doute, M. Ralston, en publiant ces récits, s'est proposé d'initier les lettrés de son pays, l'Angleterre, à une portion modeste, mais intéressante de la littérature populaire des peuples russes et slaves. Incidemment même, la plupart de ces contes peuvent amuser les enfants ; je ne conseillerais cependant pas de leur laisser lire ceux qui mettent en scène les revenants, parce qu'il n'est pas bon d'effrayer leur esprit qui, à cet âge, a la double faculté de recevoir et de conserver facilement les impressions. Mais le travail de M. Ralston a une portée plus haute, les commentaires pleins d'érudition dans lesquels il a enchâssé cha-

---

(1) *Russian Folk Tales*, par Ralston. London, Smith Elder and C°, 15, Waterloo place (1873).

cun des récits contenus dans son livre en sont la preuve. M. Ralston a voulu fournir à la jeune science de la mythologie comparée des éléments qui permissent de rattacher par de nouveaux liens le groupe des nations slaves aux autres membres de la famille indo-européenne et aux peuples aryens primitifs.

Tout le monde sait, en effet, que les travaux des indianistes, tels que Wilson, Colebrooke, Burnouf, Langlois, et autres sur le sanscrit (1), langue des livres sacrés de l'Inde, ont éclairé d'un jour inattendu le problème de l'origine des races. Les philologues ont pu conclure, de la comparaison des racines des langues parlées en Europe avec les racines du sanscrit, à la préexistence d'une langue dont toutes celles-ci ne sont que des dérivés (2). Cette langue, c'est l'aryen primitif. Les tribus qui la parlaient devaient s'étendre dans les pays que

---

(1) Le sanscrit a cessé d'être une langue parlée depuis le IIIe siècle avant J.-C.; il est resté la langue des Brahmanes.

(2) Afin que ceux de mes lecteurs qui sont étrangers à la linguistique comparée puissent, d'un coup d'œil et par un exemple saillant, apprécier les rapports des langues européennes avec le sanscrit, je place sous leurs yeux le tableau suivant des noms de nombre. Je leur ferai remarquer en même temps que les Indiens emploient le système décimal et que c'est d'eux que nous le tenons, comme tant d'autres choses, par l'intermédiaire des Arabes. En outre, ils écri-

parcourt l'Oxus (1) jusqu'à la mer Caspienne e occuper la Bactriane, la Sogdiane, actuellement la Grande Boukharie ; peut-être aussi, comme on peut l'inférer d'un passage d'ailleurs contesté du Zend-Avesta, une partie de la nation, celle qui devait plus tard former le rameau iranien, habitait-elle cette région élevée et fort mal connue maintenant, qu'on appelle le plateau de Pamir, au nord-ouest de l'Himalaya.

Si l'on admet les conclusions de Pictet (2), — et

---

vent les nombres dans le même sens que nous, tandis que les Arabes écrivent, au contraire, de droite à gauche.

SANSCRIT	GREC	LATIN	FRANÇAIS	ITALIEN	ESPAGNOL	ANGLAIS	ALLEMAND	LITHUANIEN	RUSSE	ZEND	INDOSTANI
Eka	Eis, Oinos	Unus	Un	Uno	Uno	One	Ein	Wens	Adino	Aiwa	Ek
Dwi	Duo	Duo	Deux	Due	Dos	Two	Zwei	Du	Dwa	Dvayê	Do
Tri	Treis	Tres	Trois	Tre	Tres	Three	Drei	Tri	Tri	Thri	Tin
Catur	Tettares	Quatuor	Quatre	Quattro	Cuatro	Four	Vier	Keturi	Tchetire	Cathru	Câr
Pancan	Pente	Quinque	Cinq	Cinque	Cinco	Five	Fünf	Penky	Piate	Pancan	Panc
Șaș	Ex	Sex	Six	Sei	Seis	Six	Sechs	Seszi	Chesti	Kswas	Çô
Saptan	Epta	Septem	Sept	Sette	Siete	Seven	Sieben	Septini	Ceem	Haptan	Sât
Ashtan	Oktô	Octo	Huit	Otto	Ocho	Eight	Acht	Asztuni	Vocem	Astan	Ath
Navan	Ennea	Novem	Neuf	Nove	Nueve	Nine	Neun	Devini	Devith	Navan	Nou
Daçan	Deka	Decem	Dix	Dieci	Diez	Ten	Zehn	Deszimtis	Desith	Daçan	Das
Êkadaçan	Endeka	Undecim	Onze	Undici	Once	Eleven	Elf		Odin	Aêuadasa	
Dvadaçan	Dôdeka	Duodecim	Douze	Dodici	Doce	Twelve	Zwölf			Dvadasa	
Vinçati	Eikosi	Viginti	Vingt	Venti	Veinte	Twenty	Zwanzig			Visaiti	
Çata	Hekaton	Centum	Cent	Cento	Cien	Hundred	Hundert			Satem	

(1) L'Oxus s'appelle à présent Amou-Daria. Son cours a changé plusieurs fois. Il se jette maintenant dans la mer d'Aral.

(2) Pictet, *les Origines indo-européennes*. Essai de paléontologie linguistique.

les travaux faits depuis que son remarquable ouvrage a paru n'ont fait que les confirmer, — les Aryens (les excellents, les maîtres) formaient une nation, dont une partie devait vivre de la vie pastorale et dont l'autre, plus sédentaire, cultivait le sol. Ils connaissaient l'or, l'argent, l'étain et le cuivre; ils savaient fabriquer le bronze, mais il n'est pas probable qu'ils connussent le fer. Leur état social était très-avancé; leur religion était un polythéisme dans lequel les forces et les phénomènes de la nature étaient divinisés, mais qui n'excluait pas l'idée d'un Dieu suprême.

A une date qui ne peut être moindre de 3,000 ans avant Jésus-Christ, des migrations successives parties de l'Aryane essaimèrent en Europe et en Asie ; elles formèrent en Europe les groupes celtique, germain et slave; en Asie, elles formèrent le groupe iranien ou persan et le groupe indien. — Tels sont, esquissés à grands traits, les principaux résultats dus, pour la majeure partie, à la philologie comparée.

Mais, tandis que les philologues, au moyen de la comparaison des racines des langues des nations européennes (sauf le basque, le finnois et le hongrois) avec celles du sanscrit, exhumaient de la poussière des siècles nos titres de généalogie, d'autres érudits se présentaient à eux comme auxiliaires, et, analysant les traditions, les fables, les légendes, les mythes populaires des divers peuples de la même famille, arrivaient, de leur côté, à faire remonter la source d'un grand nombre d'entre eux, au peuple aryen primitif. C'est qu'en effet, la génération spontanée n'existe pas plus dans le monde des faits et des idées que dans celui des êtres. Toutes les idées sortent de germes préexistants; tout en nous est un héritage : nos mœurs, nos lois, notre santé, notre langage. L'homme, livré à lui-même, est le plus faible des animaux, il n'est fort que parce qu'il est l'héritier des travaux de ceux qui l'ont précédé. D'ailleurs, quoi d'étonnant à ce que les conquérants aryens aient apporté, dans les pays qu'ils envahissaient, les traditions de la mère patrie? Le seul fait digne de remarque, c'est que, malgré les longs siècles écoulés, ces traditions aient été transmises jusqu'à nous, et que tel conte, qui amuse encore nos enfants, ait fait déjà pleurer, rire ou dormir les enfants de nos ancêtres aryens. — C'est le cas, assurément, de reconnaître que rien n'est nouveau sous le soleil. Jusqu'au siècle dernier, on avait peu songé à recueillir les légendes et les contes populaires des nations de l'Europe. Sans doute, on leur faisait des emprunts et en très-grand nombre, et tous ceux qui ont lu l'Arioste, Boccace, les contes de la Fontaine, et autres similaires, ont pu remarquer combien les mêmes sujets s'y représentent. Mais personne ne s'inquiétait de la provenance originelle des contes qu'on présentait au public. On ne citerait guère, parmi nos anciens critiques, que Fauchet et Pasquier qui aient songé à les faire remonter à la littérature indienne. — Les sciences qui se proposent la recherche de l'origine des races étaient encore dans leur enfance. Elles n'ont pris leur développement que depuis la découverte du sanscrit. Les Hindous seuls, parmi tous les peuples sortis comme eux de l'Aryane, ont conservé des documents incontestables datant de quinze siècles avant Jésus-Christ. Grâce à l'organisation sociale que les conquérants aryens avaient imposée à l'Inde, grâce à l'interdiction absolue des unions entre les castes, tout est devenu de pierre dans ce pays, et, malgré le trouble que jeta momentanément le bouddhisme dans cette organisation, les événements dont l'Inde a été le théâtre, depuis quatre mille ans, n'ont pas entamé les traditions dont ces conquérants étaient les dépositaires. Aujourd'hui encore, des Aryens, à peu près purs, composent la première de leurs castes, celle des brahmanes ; la seconde, celle des kshatryas, ou guerriers n'a subi qu'un faible mélange avec les indigènes.

C'est donc dans les livres indiens que nous devons chercher les traces de notre filiation avec les Aryens primitifs. Or, nous possédons maintenant d'excellentes traductions des plus importants de ces ouvrages. En première ligne, ce sont les Védas, le plus antique des documents de l'Inde, le livre sacré qui a créé tout d'une pièce le moule religieux, social et moral de la vie de chaque Indien. La préservation des doctrines révélées par Brahma dans les Védas était réservée aux brahmanes, et c'était par tradition orale que s'en transmettaient les préceptes. Les Védas se composent de quatre parties, dont la plus importante et la plus ancienne est le Rig-Véda, ou livre des hymnes (1).

Après les Védas, qui sont le livre mère de toute la littérature hindoue, viennent les épopées sacrées : le *Râmayâna*, histoire de la conquête de Ceylan, et surtout le *Mahâbhârata* (2), épopée gigantesque qui contient environ 110,000 distiques ou slokas. Le *Mahâbhârata* raconte la lutte des conquérants aryens de l'Inde contre les habitants touraniens autochthones, nommés Dasyous; il a été composé vers le ve siècle, par conséquent, peu de temps après l'introduction du bouddhisme par Çakya-Mouni et dans le but évident d'opposer doctrines à doctrines; il contient des détails excessivement curieux sur la géographie ancienne de l'Inde (3).

---

(1) Rig-Véda, traduit par Langlois et revu par Foucaux.
(2) Le *Mahâbhârata* a été traduit entièrement par M. Hipp. Fauche; son ouvrage forme dix volumes.
(3) Vivien de Saint-Martin, Géographie des Védas.

Le *Mahâbhârata* se compose d'un nombre considérable d'épisodes; Foucaux en a traduit onze en 1862. Le charmant poëme de *Sakountala*, qui en est tiré, a été traduit en 1785. Les ouvrages sanscrits les plus intéressants après ceux qui précèdent sont le *Pantchatantra*, ou les *Cinq Livres*(1), et l'*Hitopadésa* (2), ou *Recueil des instructions utiles*. Ce dernier recueil n'est qu'une imitation du *Pantchatantra*; cependant, sur les quarante-trois contes dont il se compose, dix-sept sont tirés d'autres sources.

Si, maintenant, on compare avec les récits contenus dans ces ouvrages ceux qui sont répandus en Europe, on est frappé des traits communs qu'ils présentent. Or, après la séparation de chacune des branches asiatique et européenne de la famille aryenne de leur souche originelle, les relations ont cessé rapidement entre elles, tant par les immenses distances qui les séparaient que parce que les langues de chacune de ces tribus s'éloignaient de plus en plus les unes des autres.

Les premières relations qui, après plusieurs milliers d'années de séparation, se renouèrent avec l'Inde, datent des conquêtes d'Alexandre en Asie et de la fondation de royaumes grecs aux portes de

---

(1) *Pantchatantra*, traduction par Ed. Lancereau. — Voir aussi *Essais sur les fables indiennes*, par Loiseleur-Deslongchamps, et l'*Etude sur le Pantchatantra*, de M. Benfey, de Leipsick.

(2) *Hitopadesa*, traduit du sanscrit, par Ed. Lancereau.

l'Inde. Plusieurs romans grecs (1) composés postérieurement à ces événements, ainsi que les apologues ajoutés après coup aux fables d'Ésope, témoignent que leurs auteurs se sont inspirés des livres sanscrits. Mais c'est réellement au moyen âge, que les monuments littéraires de l'antique civilisation de l'Inde exercent une influence considérable sur la littérature de l'Europe. Toutefois, ces rapports n'ont lieu que par l'intermédiaire d'autres peuples. D'abord, ce sont les Juifs, qui, chassés de Jérusalem, se répandent dans toute l'Europe pour faire le négoce et qui apportent avec eux les apologues de l'Inde. C'est par eux que les littérateurs du XIIIe siècle ont connu le livre de Sendabad, d'où a été tiré le roman de *Dolopathos*. Avec les Juifs, ce sont les Arabes, amateurs du merveilleux, qui, séduits par la luxuriante littérature de leurs voisins de l'Inde, lui empruntent une partie de leurs contes. *Les Mille et une Nuits*, qui ne sont qu'une faible partie des récits créés par la féconde imagination des Arabes, en fournissent

---

(1) Roman grec de Syntipas, intitulé : *Histoire de Syntipas et du Fils de Cyrus*. Ce roman n'est autre chose qu'une imitation des Apologues de Sendabad dont nous parlons plus loin. — Dans le *Satyricon* de Pétrone se trouve un récit d'origine indienne qui, depuis, dans plusieurs conteurs de la Renaissance, a été reproduit sous le nom de la Matrone d'Éphèse.

des preuves multipliées. Les chrétiens, en contact continuel avec les Sarrasins pendant le grand remous des croisades ; avec les Maures, dans leur long séjour en Espagne, puisent auprès des musulmans les inspirations qu'ils ont dû aux poëmes de l'Inde. C'est par les Persans que le *Pantchatantra*, traduit d'abord du sanscrit en pehlvi par ordre du roi Chosroès ou Kosrou Nourschivan, passe, le siècle suivant, avec les Arabes et les Sarrasins, en Sicile, dans l'empire d'Orient, en Espagne, sous le nom de *Kalila et Dimnah*. Dans ces divers pays, des traductions nouvelles en sont faites en latin, en hébreu, en espagnol. C'est assurément ce livre attribué à cette époque, on ne sait pourquoi, à des Indiens, du nom imaginaire de Pilpay et de Lockman, qui, avec l'*Hitopadesa*, a fourni le plus d'éléments à notre littérature. C'est de lui que la Fontaine a tiré, comme il l'annonce lui-même, une partie des fables contenues dans les six derniers livres de ses œuvres. Pour ne citer que les principales, c'est : *l'Ane vêtu de la peau du lion, le Geai paré des plumes du paon, la Tortue et les Deux Canards, la Souris métamorphosée en Femme, la Laitière et le Pot au lait, les Animaux malades de la peste*, etc. Outre des fables, la Fontaine a encore puisé dans le *Pantchatantra* plus d'un sujet de ses contes, entre autres le conte du Tonneau, les Trois Commères, etc.

Un autre ouvrage indien, les Apologues de Sendabad, introduit en Europe par les Juifs qui l'avaient traduit sous le titre de : *Paraboles de Sendabar*, devint aussi un des livres mères des conteurs français et italiens. Le fameux roman de *Dolopathos* en a été tiré, comme les Grecs l'avaient fait jadis pour le roman de *Syntipas*; à leur tour, c'est dans le roman de *Dolopathos*, ou des *Sept Sages de Rome*, que nombre d'auteurs ont puisé des sujets de contes et même de drames. J'indiquerai en passant : *le Marchand de Venise*, de Shakespeare, et l'histoire de la Coupe enchantée, de l'Arioste et de la Fontaine. D'ailleurs, citer tous ceux qui ont fait des emprunts à ces célèbres recueils soit directement, soit par emprunts à de précédents conteurs, c'est citer les principaux écrivains et les ouvrages les plus en renom de France et d'Italie. Au VIIIe siècle, c'est le roman de *Barlaam et Josaphat*, où, sous la plume de l'auteur, Jean Damascène, la vie du Bouddha Çakya-Mouni se transforme en légende chrétienne; aux XIIe et XIIIe siècles, ce sont nos épopées comme *Partenopeus de Blois*, le roman de *Floire et Blancheflor;* puis viennent, en Italie, le *Décaméron* de Boccace, les Contes de Pogge, les Œuvres d'Ange Firenzuola, la *Philosophie morale* de Doni; puis, en France, autant comme imitation de l'Italie que de l'Inde, la *Discipline clé-*

ricaie de Pierre Alphonse, *les Cent Nouvelles nouvelles*, attribuées à Louis XI, quelques poésies de Marie de France, l'*Heptaméron* de la reine de Navarre, les *Facétieuses Nuits* de Straparole, les *Sérées* de Guillaume Bouchet ; puis Sénecé, puis Perrault dans son conte des Souhaits ridicules. J'en passe et des meilleurs.

Outre les Juifs et les Arabes, les Tartares Mongols, à la suite de Gengiskan et de Tamerlan, ont également servi d'introducteurs aux apologues orientaux et indiens, en Russie et chez les Slaves de l'Est.

La facilité avec laquelle les récits indiens ont fait fortune dans les races européennes est déjà en soi une présomption que ces récits trouvaient un terrain tout préparé à les recevoir et à les féconder par les antiques traditions et les souvenirs inconscients qu'ils réveillaient d'une origine commune. Toutefois, si ces exemples multipliés, donnés plus haut, témoignent combien notre littérature a fait d'emprunts aux sources indiennes, il ne faudrait pas croire, cependant, que les contes populaires des nations de l'Europe s'en soient beaucoup ressentis. Les paysans et les nourrices du moyen âge lisaient sans doute assez peu les romans de chevalerie, et, quant à ceux de la Renaissance, ils ne se souciaient guère davantage, je suppose, des contes plus que badins écrits en beau langage, pour la plus grande joie des seigneurs et dames de ces époques galantes. Ces contes sont restés du domaine des lettrés et bien peu sont devenus réellement populaires ; je ferai cependant une exception pour le récit, si connu, du chien qui protége contre un serpent le jeune enfant de son maître, et dont on ne reconnaît les services qu'après l'avoir tué. Il faut dire aussi que le peuple ne retient que ce qui l'émeut fortement, comme les faits dont il a été témoin et dont il a souffert, ou ce qui s'adresse aux sentiments intimes de son âme, comme les croyances religieuses. Le reste, il l'oublie et c'est un des phénomènes qui méritent de frapper le plus l'attention du philosophe que cette infirmité de mémoire dont Dieu a frappé la race humaine.

D'ailleurs, en dehors des apologues contenus dans le *Pantchatantra* et l'*Hitopadesa*, ce n'est que depuis bien peu d'années que sont connus les récits dont fourmillent les autres livres indiens. Lors donc qu'on rencontre dans la littérature populaire de plusieurs pays d'Europe, en même temps que dans les Védas ou le *Mahâbhârata* des épisodes similaires, on peut hardiment conclure qu'ils proviennent du fonds commun primitif.

Aussi, est-ce un service important rendu à la science de la mythologie comparée, que de lui fournir, comme l'a fait M. Ralston dans ses *Contes populaires russes*, et dans son précédent et remarquable ouvrage les *Chants populaires de la Russie*, des points de comparaison plus nombreux. Dans la traduction qui suit, j'ai suivi le texte le plus près possible, et j'ai sacrifié à la fidélité ce que le style aurait pu facilement gagner dans une interprétation moins terre à terre.

Le lecteur ne s'étonnera plus maintenant quand, dans les récits contenus dans ce livre, il saluera en passant des types de sa connaissance. Plus il lirait de contes de tous nos pays d'Europe, plus il serait frappé de ces rapprochements. Il en connaît à présent les causes, auxquelles j'ajouterai les emprunts que se sont faits, ce qui se comprend de soi, tous les peuples de l'Europe dans leurs relations continuelles.

Quant à la signification originelle des traditions populaires et des mythes religieux, le cadre de cette introduction ne permet pas de traiter, même en l'effleurant, un si vaste sujet. Je dirai seulement que si, pour les contes inventés par des auteurs, comme ceux d'Hamilton et de Ch. Nodier, par exemple, l'imagination fait tous les frais du récit, il n'en est aucunement de même des traditions conservées et transmises dans le peuple. — Un grand nombre des épisodes qu'elles retracent ont eu pour point de départ un fait vrai qui avait fortement impressionné l'esprit des populations. — Quant aux dragons ou autres bêtes fantastiques qui y figurent, ils n'ont pas toujours été, dans leurs traits principaux du moins, des animaux imaginaires. S'il n'est pas prouvé que l'homme ait vécu avec les étranges et gigantesques animaux de la période géologique secondaire, véritables dragons de nos contes, au moins est-il certain, depuis les belles découvertes de Boucher de Perthes, que l'homme a été contemporain d'animaux énormes, aujourd'hui disparus, avec lesquels, selon la belle expression de Darwin, il a lutté pour l'existence pendant de longs siècles. De ces bêtes, la terreur de l'homme a fait des dragons, et s'ils ne sont plus maintenant des épouvantails que pour les enfants, ils ont bel et bien dans leur temps dévoré nos ancêtres. Il n'y a rien d'étonnant, dès lors, à ce que le souvenir s'en soit conservé après qu'eux-mêmes avaient disparu. Enfin, la métaphore joue un rôle important dans les apologues. Une grande partie des fables des mythologies grecque et latine, des récits de la mythologie scandinave contenus dans l'*Edda* et dans le poëme de nos ancêtres burgondes, les *Nibelungen*, trouvent leur explication dans des mythes solaires ou dans les personnifications des phénomènes naturels, d'origine aryenne. — Les Védas à la main, Max Müller (1),

---

(1) Max Müller, *Essais de mythologie comparée*, traduit par G. Perrot.

dans ses articles réunis récemment en volume, Alfred Maury (1), dans son *Histoire des religions de la Grèce antique*, le professeur de Gubernatis (2), dans sa savante Étude sur le rôle et le caractère des animaux dans les contes et apologues, ont montré comment nos vieux ancêtres aryens, lorsqu'ils paissaient leurs troupeaux sur les hauts plateaux de l'Asie centrale, en contemplation continuelle avec la nature, avaient, dans leur langage imagé et poétique, personnifié le soleil et la lune, l'aurore et le crépuscule, les nuages et les ouragans.

Ces fictions charmantes ont été emportées, au moment de leur séparation, par les différentes tribus de la nation âryenne, et, partageant la destinée et le développement spécial de chacune de ces tribus, elles ont été le point de départ des mythes religieux des peuples de l'antiquité.

Dans l'Inde, le naturalisme des Védas, avec ses divinités aux contours ondoyants comme les nuées dont les hymnes sacrés racontent les luttes contre Indra, donne naissance au Brahmanisme et, plus tard, au Bouddhisme. En Perse, les Aryens choisissent, dans le panthéon de leurs ancêtres, le dieu du Feu, Agni *(Ignis)*, et lui consacrent, sous le nom de Mazdéisme, un culte particulier dont les adorateurs sont encore aujourd'hui représentés par les

---

(1) Alfred Maury, *Histoire des religions de la Grèce antique*.
(2) *Zoological Mythology*, par le professeur de Gubernatis.

Guèbres et les Parsis. Les diverses propriétés du Sôma, breuvage céleste d'Indra, que les Hindous emploient pour leurs libations, sont transportées par les Iraniens au Hom, sorte de bruyère, comme elles le sont en Gaule au gui du chêne (1).

En Grèce, puis en Italie, les vagues personnifications âryennes de la nature prennent un corps et deviennent des êtres réels. Indra ou Diaus-Pitar, dieu de la foudre, prend le nom de Zeus-Pater, Jupiter; l'oiseau Garouda, compagnon ordinaire d'Indra, ne l'abandonne pas dans sa transformation et devient l'aigle du père des Dieux; Agni, le dieu du Feu, se change en Hephaistos ou Vulcain; l'Aditi védique, c'est-à-dire la Terre, demeure des morts, c'est Hadès ou Pluton; Varouna, le ciel obscur, c'est Ouranos ou Uranus. Les dieux védiques buvaient le Sôma et ceux de l'Olympe le Nectar. Les flammes que les volcans lancent contre le ciel ou les vapeurs qui s'élèvent et s'amoncellent sous la forme de nuages pour cacher Indra, la vive imagination grecque les représente comme des Titans entassant Pélion sur Ossa pour renver-

---

(1) Le Sôma est aussi appelé Vinas. Le nom en a été appliqué probablement par la suite au jus du raisin: grec *oînos*; latin *vinum*; d'Italie le vin a passé en Gaule et ailleurs, d'où le celtique: *gwin*, l'allemand *weine*, l'anglais *wine*, etc. Notre mot *baragouin* vient du celtique *bara*, pain, et *gwin*, vin.

ser Jupiter; les lueurs de l'Aurore qui s'évanouissent devant les feux du soleil levant, c'est Eurydice qui disparaît lorsque Orphée jette un regard sur elle; c'est Daphné qui meurt au premier baiser d'Apollon.

Dans le nord de l'Europe, la mythologie devient sombre et sauvage comme le pays lui-même; mais, dans les hôtes farouches du Walhalla scandinave, on retrouve aisément leurs traits de parenté avec les divinités védiques. Thor, le fils aîné d'Odin et de Friga, a des attributs analogues à ceux d'Indra ou de Jupiter, comme aussi avec Perun ou Perkunos, le dieu slave du tonnerre. Et si, en Gaule, les dieux de nos ancêtres, Hésus, Teutatès, Taranis, etc., prennent si aisément, après l'invasion romaine, la livrée de Mars, Mercure et Jupiter Tonnant, c'est que ces divinités étaient toutes issues des dieux vénérés jadis par les Aryens en Bactriane.

Aujourd'hui qu'au souffle du christianisme sémitique ont disparu, comme les neiges d'antan, toutes ces mythologies, les fragments épars en subsistent encore dans les vieux monuments de nos littératures, dans nos traditions populaires, dans nos arts, dans nos fêtes, dans nos noms de jours et de mois. Nous sommes les véhicules inconscients, souvent même sceptiques ou railleurs des traditions de nos ancêtres, comme le cerveau de M. Jourdain quand il faisait de la prose sans le savoir.

J'ajouterai que plusieurs des contes russes d'Afanasieff, contenus dans le présent volume, fournissent des exemples manifestes de mythes solaires. C'est ainsi que, dans la sorcière Baba Yaga, personnage qui se rencontre si fréquemment dans les contes russes, on peut aisément reconnaître une personnification de l'ouragan. Dans le conte intitulé Maria Morewna, les juments de Baba Yaga sont le symbole du soleil; dans Vassilissa la Belle, les cavaliers vêtus de rouge, de blanc, de noir, représentent le jour, le crépuscule et la nuit. Dans Ivan Popyaloff, ou Cendrillon, le héros personnifie la nature endormie pendant l'hiver qui se réveille au printemps et combat les ténèbres et les frimas, transformés en dragons. Notre Cendrillon est basée sur le même mythe; seulement les aventures en sont riantes et ensoleillées, parce qu'elles sont appropriées au doux pays de France.

Et maintenant, ami lecteur, si tu n'es pas tout à fait endormi, au moins ma conscience n'a-t-elle rien à se reprocher à cet égard. Pour moi, je vais me coucher, certain de goûter un profond sommeil. — Donc, buona sera!

LE DIABLE

Il y avait une fois un vieillard et sa femme. Ces bonnes gens avaient une fille nommée Marusia. Dans le village qu'ils habitaient, il était d'usage, de temps immémorial, de célébrer la fête de saint André.

C'est la coutume que les filles se réunissent à cette occasion dans la chaumière de l'une d'elles. On fait cuire des gâteaux (pampushki), et les réjouissances durent pendant toute une semaine, et quelquefois même se prolongent au delà.

La fête du saint étant arrivée, les filles du village, suivant l'antique tradition, se rendirent dans la demeure d'une de leurs compagnes. Les unes préparèrent les boissons, les autres pétrirent la pâte et en firent des gâteaux.

Dans la soirée, les gars arrivèrent, amenant des musiciens et apportant des liqueurs. La danse et les réjouissances commencèrent. Toutes les filles choisirent des cavaliers et se mirent à danser. Seule, Marusia, la plus belle de toutes, se tint à l'écart.

Bientôt entra dans la chaumière un très-beau garçon, bien planté, vraiment. Son teint était de sang et de lait ; il était vêtu d'habits riches et élégants.

— Salut! les belles filles, dit-il.

— Salut! bon jeune homme, dirent-elles.

— Je vois que vous vous amusez.

— Faites-nous l'amitié de vous joindre à nous.

Alors, il tira de sa poche une bourse pleine d'or et fit venir des liqueurs, des noisettes et du pain d'épices. Tout fut prêt en un moment, et il se mit à régaler les garçons et les filles en distribuant à chacun sa part. Ensuite il dansa. C'était un vrai plaisir de le regarder. Marusia lui fit plus d'impression qu'aucune autre ; aussi, s'attacha-t-il à elle.

L'heure vint pour chacun de regagner sa demeure.

— Marusia, dit-il, venez m'accompagner un peu.

Elle sortit pour le reconduire.

— Marusia, mon doux cœur, seriez-vous bien aise de m'épouser ?

— S'il vous plaît de m'épouser, je vous prendrai volontiers pour époux ; mais d'où venez-vous ?

— Je viens de tel endroit, je suis commis d'un marchand.

Alors ils se dirent adieu l'un à l'autre et se séparèrent. Quand Marusia fut rentrée, sa mère lui demanda :

— Ma fille, t'es-tu bien amusée ?

— Oui mère, et j'ai en outre quelque chose d'agréable à vous dire. J'ai rencontré à la réunion un garçon du voisinage, très-aimable et qui a beaucoup d'argent. Il a promis de m'épouser.

— Écoute, Marusia, quand demain tu iras avec tes compagnes à l'assemblée, prends un peloton de fil, fais-y un nœud coulant, et quand tu sortiras pour reconduire le jeune homme, jette le nœud coulant à l'un de ses boutons, puis déroule tranquillement ton peloton. Tu n'auras qu'à suivre ton fil pour découvrir sa demeure.

Le lendemain, Marusia se rendit à la réunion. Elle n'eut garde d'oublier son peloton de fil. Le jeune homme revint : — Bonsoir, Marusia, dit-il.

— Bonsoir, répondit-elle.

Les jeux commencèrent ainsi que les danses. Plus encore que la veille, il s'attacha à Marusia; il ne la quittait pas d'un pas.

L'heure vint de rentrer au logis.

— Marusia, dit l'étranger, viens me voir partir.

Elle sortit dans la rue, et tandis qu'elle prenait congé de lui, elle jeta tranquillement le nœud à l'un de ses boutons.

Il continua son chemin pendant qu'elle restait à sa place, déroulant le peloton. Quand elle l'eut déroulé entièrement, elle courut tout le long du fil pour découvrir la demeure de son prétendu. D'abord, le fil suivait la route et franchissait des haies et des fossés; il conduisit Marusia vers une église; enfin, il monta jusqu'au-dessus du porche.

Marusia essaya d'ouvrir la porte; elle était fermée:

Elle fit le tour de l'église, découvrit une échelle, la posa contre une fenêtre et y grimpa pour voir ce qui se passait à l'intérieur. Parvenue dans l'église, elle regarda et vit son prétendu près d'une tombe et dévorant un cadavre; un cadavre avait été, en effet, déposé cette nuit-là dans l'église.

Elle essaya de redescendre tranquillement de l'échelle; mais sa frayeur l'empêcha de prendre les précautions nécessaires, et elle fit un peu de bruit. Alors, elle courut chez elle, presque hors d'elle-même, s'imaginant tout le temps qu'on la poursuivait. Elle était à moitié morte quand elle arriva.

Le lendemain matin, sa mère lui demanda :

— Eh bien, Marusia, as-tu vu le jeune homme?

— Je l'ai vu, ma mère, répondit-elle. Cependant, elle ne raconta pas tout ce qu'elle avait vu.

Au matin, Marusia était assise, se demandant si elle irait ou non à l'assemblée.

— Vas-y, dit sa mère, et amuse-toi pendant que tu es jeune.

Elle alla donc à l'assemblée. Le diable y était déjà; les jeux, les danses, la gaieté recommencèrent, comme la veille. Les filles ignoraient ce qui s'était passé. Quand elles se séparèrent pour rentrer chez elles :

— Viens, Marusia, dit le maudit, regarde-moi partir.

Elle eut peur et ne bougea pas. Alors, toutes les autres filles s'approchèrent d'elle.

— A quoi penses-tu? es-tu devenue si timide, par hasard ?

— Va donc voir partir ce beau garçon.

Il n'y avait pas moyen d'échapper. Elle sortit donc, ne sachant ce qui adviendrait. Aussitôt qu'ils furent dans la rue, il commença à la questionner :

— Tu étais dans l'église, la nuit passée ?
— Non.
— Et tu as vu ce que j'y faisais ?
— Non.
— Très-bien ! demain ton père mourra. Et ayant dit ces mots, il disparut.

Marusia revint chez elle grave et triste. Quand elle se réveilla le matin, son père était mort !

Marusia et sa mère pleurèrent et se lamentèrent. Puis elles mirent le pauvre mort dans le cercueil.

Le soir, la mère de Marusia se rendit chez le prêtre, pendant que Marusia restait à la maison. Bientôt elle eut peur d'être ainsi toute seule dans la demeure. Si j'allais voir mes amies? pensa-t-elle. Elle y alla donc. Le maudit était déjà arrivé.

— Bonsoir, Marusia; pourquoi es-tu triste? lui demandèrent ses compagnes.

— Comment pourrais-je être gaie? mon père est mort !
— O pauvre fille!

Elles la plaignirent toutes. Le maudit, lui-même, joignit ses condoléances aux leurs, tout comme si ce n'était pas son œuvre.

Bientôt chacun se dit adieu et se disposa à rejoindre sa demeure.

— Marusia, dit le diable, viens me voir partir.

Elle ne s'en souciait pas.

— A quoi penses-tu, enfant ? lui dirent les filles en insistant. De quoi as-tu peur ? Va donc le voir partir.

Elle sortit donc pour le regarder s'éloigner. Ils passèrent dans la rue :

— Dis-moi, Marusia, étais-tu dans l'église ?

— Non.

— Et as-tu vu ce que je faisais ?

— Non.

— Très-bien ! demain ta mère mourra.

Il dit et disparut. Marusia revint chez elle, plus triste que jamais. La nuit s'écoula ; le lendemain matin, quand elle s'éveilla, sa mère était morte ! Elle se lamenta tout le jour, et quand le soleil fut couché et que l'obscurité couvrit la terre, Marusia eut peur de rester seule ; alors elle alla retrouver ses compagnes :

— Qu'as-tu donc ? tu es toute défaite, dirent les filles.

— Comment pourrais-je être gaie ? Hier mon père est mort, et aujourd'hui c'est ma mère !

Pauvre être ! pauvre malheureuse fille ! s'écrièrent-elles toutes avec sympathie.

Puis l'heure vint de se dire adieu : — Marusia, dit le démon, viens me voir partir.

Alors, elle sortit pour le voir s'éloigner.

— Dis-moi, étais-tu dans l'église ?

— Non.

— Et as-tu vu ce que je faisais?
— Non.
— Très-bien! demain soir tu seras morte.

Marusia passa la nuit avec ses compagnes; au matin elle se leva et réfléchit à ce qu'elle devait faire. Elle songea qu'elle avait une grand'mère, une vieille, très-vieille femme, qui était devenue aveugle depuis de longues années. J'ai envie d'aller lui demander conseil, dit-elle; puis elle se rendit chez sa grand'mère.

— Bonjour, grand'mère, dit-elle.
— Bonjour, petite-fille. Quelles nouvelles apportes-tu? comment vont ton père et ta mère?
— Tous deux sont morts, grand'mère! répliqua la fille. Puis elle lui raconta ce qui était arrivé.

La vieille femme écouta et dit:
— O ma chère, ma pauvre malheureuse enfant! va vite trouver le prêtre et demande-lui comme une faveur, si tu meurs, que ton corps ne soit pas emporté hors de la maison par la porte, mais que la terre en soit creusée sous le seuil et qu'on te fasse sortir par cette ouverture. Et demande-lui aussi d'être enterrée à ce chemin en croix, à l'endroit où quatre routes se rencontrent.

Marusia se rendit chez le prêtre, pleura amèrement et lui fit promettre de se conformer aux instructions de sa grand'mère.

Ensuite elle retourna chez elle, acheta un cercueil, s'y coucha et bientôt expira.

Alors, on alla trouver le prêtre, et il ensevelit d'abord le père et la mère de Marusia, puis Marusia elle-même. On eut soin de faire sortir le corps par le trou creusé sous le seuil de la porte, et de l'enterrer dans le chemin en croix.

Peu de temps après, le fils d'un seigneur vint à passer près de la tombe de Marusia. Sur cette tombe croissait une merveilleuse fleur, plus belle que toutes celles qu'il avait encore vues. Le jeune seigneur dit à son serviteur :

— Va, et déterre cette fleur en conservant les racines ; nous l'emporterons chez moi et nous la mettrons dans un beau vase ; peut-être s'y épanouira-t-elle.

Alors, ils déterrèrent la fleur, l'emportèrent chez eux, la placèrent dans un vase verni et la posèrent sur la fenêtre.

La fleur devint et plus grande et plus belle. Une nuit que le serviteur n'était pas encore allé se coucher, il lui arriva de regarder à la fenêtre. Il y vit une merveilleuse chose. Soudain, la fleur commença à frémir, puis elle se détacha de la branche et tomba sur le sol, où elle se changea en une charmante jeune fille. La fleur était belle, mais la fille était plus belle encore ; elle erra de chambre en chambre, alla chercher différents mets pour manger et pour boire, but et mangea, puis frappa la terre et redevint une fleur comme avant. Elle regagna alors la fenêtre et reprit sa place sur la tige.

Le lendemain, le serviteur raconta au jeune seigneur les merveilles dont il avait été témoin pendant la nuit.

— Ah ! frère, dit le jeune homme, pourquoi ne m'as-tu pas éveillé ? Cette nuit nous veillerons ensemble.

La nuit vint ; aucun ne dormit, tous deux veillèrent. A minuit sonnant, la fleur commença à frémir, se sépara de sa tige, tomba sur la terre, et la belle fille apparut. Elle alla chercher tout ce qu'il lui fallait pour boire et manger, et s'assit pour souper. Le jeune seigneur se précipita vers elle et la saisit par ses blanches mains. Il ne pouvait se lasser de la regarder et d'admirer sa beauté.

Le lendemain, il dit à son père et à sa mère : — Je vous prie, permettez-moi de me marier. J'ai trouvé une épouse.

Les parents y donnèrent leur consentement. Quant à Marusia, elle dit :

— Je ne vous épouserai qu'à la condition que, pendant quatre ans, vous ne me demanderez pas d'aller à l'église.

— Très-bien ! dit-il.

Puis ils se marièrent et vécurent ensemble un an, deux ans. Marusia eut un fils. Or, un jour, ils avaient réuni des amis. On s'amusa, on but. Chacun se mit à vanter sa femme. La femme de celui-ci était belle, la femme de celui-là plus belle encore.

— Vous pourrez dire tout ce que vous voudrez, dit

l'hôte, mais il n'existe pas dans le monde entier une femme plus belle que la mienne!

— Belle, oui, répliquèrent les autres; mais c'est une païenne.

— Comment cela?

— Eh! oui, elle ne va jamais à l'église.

Le mari de Marusia trouva ces observations désagréables. Il attendit jusqu'au dimanche, et alors il dit à sa femme de s'habiller pour aller à l'église.

— Je ne me soucie pas de ce que tu pourras répondre, lui dit-il, va t'apprêter tout de suite. Alors ils s'apprêtèrent et se rendirent à l'église. Le mari entra et ne vit rien de particulier. Mais lorsque Marusia jeta les regards autour d'elle, elle aperçut le démon assis à la fenêtre.

— Ah! te voilà donc enfin, cria-t-il, souviens-toi du passé. Étais-tu dans l'église?

— Non.

— Et as-tu vu ce que j'y faisais?

— Non.

— Très-bien! demain ton mari et ton fils mourront.

Marusia se précipita hors de l'église et courut chez sa grand'mère. La vieille femme lui donna deux fioles, l'une remplie d'eau bénite, l'autre pleine de l'eau de la vie et lui enseigna ce qu'elle devait faire. Le lendemain, le mari et le fils de Marusia moururent. Alors, le démon s'approcha d'elle et lui demanda :

— Dis-moi, étais-tu dans l'église?

— J'y étais.
— Et as-tu vu ce que j'y faisais ?
— Vous dévoriez un cadavre.

Elle dit et l'aspergea d'eau bénite; en un moment il ne fut plus qu'une simple poussière et que des cendres qui furent dispersées par le vent.

Ensuite, Marusia arrosa son mari et son enfant avec l'eau de la vie : ils ressuscitèrent aussitôt.

Et depuis ce temps, ils ne connurent ni peine ni séparation, et vécurent tous longtemps et heureusement.

L'OMBRE DE LA MÈRE

Dans un village, habitaient un mari et sa femme. Ils vivaient paisibles, amoureux, heureux.

Tous leurs voisins leur portaient envie, et leur vue seule réjouissait les honnêtes gens.

La femme mit au monde un fils; mais elle mourut en lui donnant le jour. Le pauvre moujik gémit et pleura. Mais ce qui le désolait le plus, était son bébé.

— Comment s'y prendre pour le nourrir? comment l'élever sans sa mère? Il fit ce qu'il y avait de mieux à faire en cette circonstance, et prit à son service une vieille femme pour surveiller l'enfant.

Or, chose merveilleuse! tout le long du jour, le bébé ne prenait aucune nourriture; il ne faisait rien que crier; il n'y avait pas moyen de l'apaiser. Mais, pendant la nuit, on aurait cru qu'il n'y était pas, tant il dormait tranquille et silencieux.

— Qu'est-ce que cela signifie? pensa la vieille femme. Je resterai éveillée cette nuit; de la sorte, je découvrirai bien ce que cela veut dire.

Or, à minuit sonnant, elle entendit quelqu'un ouvrir doucement la porte et s'avancer jusqu'au berceau. Le bébé devint tranquille, comme s'il tetait.

La seconde nuit, la même chose se reproduisit et la troisième aussi. Alors, elle raconta au moujik ce qui se passait. Celui-ci appela sa famille et tint conseil avec elle. Ils convinrent de veiller une nuit, afin de découvrir qui était celle qui venait donner à teter au bébé. Dans ce but, ils se couchèrent à plat ventre sur le plancher, et près d'eux ils cachèrent dans un pot de terre une lumière allumée.

A minuit, la porte de la chaumière s'ouvrit. Quelqu'un s'avança jusqu'au berceau ; à ce moment, l'un des parents découvrit tout à coup la lumière. Tous regardèrent, et ils virent l'ombre de la mère, couverte des vêtements mêmes avec lesquels elle avait été ensevelie, à genoux, la poitrine découverte à côté du berceau, sur lequel elle était penchée comme si elle donnait à teter à son enfant.

Aussitôt que la lumière brilla dans la chaumière, elle se leva tout droit, sourit tristement à son petit, puis sortit de la chambre sans bruit et sans prononcer une parole.

Tous ceux qui étaient présents restèrent frappés de terreur, et quand ils allèrent au berceau, l'enfant était mort !

LA SORCIÈRE MORTE

Il y avait une fois une vieille femme qui était une terrible sorcière.

Elle avait une fille et une petite fille.

Lorsque la vieille sorcière se sentit mourir, elle manda sa fille près d'elle et lui donna ses instructions.

— Souviens-toi, ma fille, quand je serai morte, de ne pas laver mon corps avec de l'eau tiède ; mais remplis un chaudron, fais-la bouillir le plus chaud possible, et avec cette eau bouillante, échaude soigneusement toutes les parties de mon corps.

Ayant dit ces paroles, la sorcière tomba malade. Elle resta ainsi deux ou trois jours et mourut. La fille courut chez tous ses voisins, les priant de venir l'aider à laver la vieille femme ; or, pendant ce temps, la petite fille resta seule à la maison. Et voici ce qu'elle vit :

Tout à coup, de derrière le poêle, sortirent deux démons, un grand et un chétif, et ils se jetèrent sur le cadavre de la sorcière.

Le vieux démon la saisit par les pieds et il la déchira

de telle sorte qu'il lui arracha d'un coup toute la peau. Puis il dit au petit démon :

— Prends la chair pour toi et traîne-la sous le poêle.

Alors le petit démon jeta ses bras autour de la carcasse et la traîna sous le poêle. Il ne resta plus rien de la vieille femme que sa peau. Le vieux démon s'y introduisit, puis il se coucha à l'endroit même où la sorcière avait été laissée gisante.

A ce moment, la fille rentra, ramenant une douzaine d'autres femmes, et toutes se mirent à l'ouvrage pour disposer le cadavre.

— Maman, dit l'enfant, ils ont enlevé la peau de grand'mère, pendant que tu n'y étais pas.

— Qu'est-ce que tu veux dire en me racontant de pareils mensonges ?

— C'est très-vrai, maman ; il est sorti de dessous le poêle un homme noir qui a arraché la peau de grand'-mère et qui s'est fourré dedans !

— Tais ta langue, méchante enfant, tu dis des bêtises, cria la fille de la vieille sorcière. Puis elle apporta un grand chaudron, le remplit d'eau froide, le mit sur le poêle et le chauffa jusqu'à ce que l'eau bouillît à gros bouillons.

Alors, les femmes enlevèrent la vieille sorcière, la placèrent dans un baquet, prirent le chaudron et versèrent l'eau bouillante sur elle, tout d'un coup.

Le démon ne put y tenir. Il sauta hors du baquet,

s'élança à travers la porte et disparut, lui et la peau de la vieille. Les femmes regardèrent fixement :

— Quel miracle ! s'écrièrent-elles ; il y avait devant nous une femme morte, et voilà qu'elle n'y est plus. Il ne nous reste plus personne à emporter ou à ensevelir ; les démons l'ont enlevée sous nos yeux !

LE TRÉSOR

Il y avait une fois deux vieux époux qui vivaient dans une grande pauvreté. Un jour, la vieille femme mourut. C'était en hiver et il faisait une rude gelée!

Le vieillard alla chez tous ses amis et voisins, les priant de l'aider à creuser une tombe pour la vieille femme; mais ses amis et voisins, connaissant sa grande misère, refusèrent net de lui rendre ce service. Le vieillard alla trouver le pope (mais, dans ce village, le pope était un vrai grippe-sou, sans conscience), et il lui dit :

— Prêtez-moi assistance, révérend père, pour enterrer ma vieille femme.

— Mais avez-vous de l'argent pour me payer les funérailles? Si vous en avez, mon ami, payez-moi d'avance.

— Il ne sert à rien de vous cacher ma situation. Il n'y a pas un seul copeck à la maison. Mais si vous voulez attendre un peu, j'emprunterai de l'argent et je vous paierai avec les intérêts. Sur ma parole, je vous paierai.

Le pope ne voulut pas seulement écouter le vieillard.

— Si vous n'avez pas d'argent, n'ayez pas l'audace de vous présenter ici, dit-il.

Que faire ? pensa le vieillard. J'irai au cimetière, je creuserai une tombe du mieux que je pourrai et j'enterrerai ma pauvre vieille femme moi-même. Puis il prit une pioche et une bêche et se rendit au cimetière.

Quand il y fut, il se mit à creuser la tombe. Avec sa pioche, il enleva d'abord la terre gelée, et ensuite il prit la bêche. Il creusa et creusa, et enfin il frappa sur un vase de métal. Il ouvrit aussitôt le vase pour voir ce qu'il contenait : il le trouva rempli de ducats qui brillaient comme le feu. Le vieillard fut dans le ravissement, et il s'écria :

— Gloire soit à toi, Seigneur ! j'aurai de quoi ensevelir ma vieille femme et accomplir les rites du souvenir.

Il interrompit aussitôt son travail, s'empara du vase plein d'or et l'emporta chez lui. Or chacun sait que l'argent rend tout aussi doux que l'huile. Aussi le vieillard trouva-t-il à la fois de bonnes gens pour creuser la fosse et pour fabriquer le cercueil. Le vieillard envoya en même temps sa bru acheter des viandes, des boissons, plusieurs sortes de friandises, enfin tout ce qui est d'usage pour la célébration des fêtes commémoratives. Lui-même, un ducat à la main, retourna chez le pope. Il était à peine sur le seuil que le pope courut à sa rencontre :

— Je t'ai pourtant distinctement dit, vieux butor, de ne pas te présenter ici sans argent ; et maintenant, voilà que tu reviens encore !

— Ne te fâche pas, révérend père, dit le vieillard, en l'implorant. Voilà de l'or pour toi. Si tu consens à enterrer ma vieille femme, je n'oublierai jamais ta bonté.

Le pope prit l'argent et ne savait plus comment faire pour recevoir de son mieux le vieillard ; il ne savait plus où le faire asseoir, avec quelles paroles il devait le radoucir.

— C'est bien, maintenant, mon vieil ami ; sois de bonne humeur ; tout sera fait, dit-il, suivant ton désir.

Le vieillard lui fit un salut profond et rentra chez lui. Dès qu'il se fut éloigné, le pope et sa femme commencèrent à causer de cette aventure.

— Vois-tu le vieux ladre ! dirent-ils ; lui qui est si pauvre, si pauvre, il nous donne cependant une pièce d'or. J'ai enterré dans mon temps maintes personnes de qualité, mais je n'ai jamais reçu de personne un présent aussi élevé.

Le pope partit sur cette réflexion avec tous ses acolytes et enterra la vieille femme d'une manière convenable. Quand les funérailles furent terminées, le vieillard invita le pope à venir chez lui prendre part au festin, en mémoire de la morte. Ils entrèrent dans la chaumière et se mirent à table. Il y avait de tous côtés des viandes, des boissons, et toutes sortes de bons morceaux : tout était à profusion.

Le révérend s'assit, mangea pour trois et regarda avidement toutes ces choses qui n'étaient pas à lui. Les autres terminèrent leur repas, puis se séparèrent pour rentrer chez eux. Le pope se leva aussi de table, le vieillard sortit pour l'accompagner.

Aussitôt qu'ils furent arrivés dans la basse-cour et que le pope se trouva seul avec le vieillard, il le questionna :

— Écoute, ami, fais-moi ta confession. Ne laisse pas un seul péché sur ton âme; devant moi, c'est comme devant Dieu ! Qu'as-tu fait pour pouvoir mener un tel train? Tu n'étais jusqu'ici qu'un pauvre moujik; et maintenant, oui-da, d'où te vient toute cette richesse? Avoue-le-moi, mon ami, tu as étranglé quelqu'un, tu as pillé quelqu'un?

— Qu'est-ce que tu me racontes là, révérend. Je te dirai toute la vérité. Je n'ai ni volé, ni tué, ni pillé personne. Un trésor est tombé dans mes mains, voilà tout. Et il lui raconta ce qui était arrivé. Quand le pope entendit ces paroles, il chancela de jalousie.

De retour chez lui, il ne fit nuit et jour que se demander comment un misérable rustre de moujik avait pu trouver un pareil trésor. Il chercha donc en lui-même le moyen de tromper le vieillard et de lui enlever son vase d'or.

Le pope parla de son projet à sa femme. Tous deux discutèrent la question et tinrent conseil.

— Écoute-moi, dit-il, nous avons une chèvre, n'est-ce pas?

— Oui.

— Eh bien, attendons qu'il fasse nuit, et nous pourrons alors, en toute tranquillité, jouer un bon tour au vieux moujik.

Dès qu'il fut tard, le pope fit sortir la chèvre, la tua, lui enleva la peau, les cornes, la barbe, tout enfin. Puis il endossa la peau de la chèvre et dit à sa femme :

— Prends une aiguille et du fil, mère, et dépêche-toi de coudre la peau tout autour de moi, afin qu'elle ne puisse pas glisser de dessus mon corps.

Alors celle-ci prit une forte aiguille et du gros fil et cousit son mari dans la peau de chèvre. Puis, à la nuit noire, le pope alla droit à la chaumière du vieillard, arriva sous la fenêtre, et commença à frapper et à gratter.

Le vieillard entendit le bruit, se leva et demanda :

— Qui est là ?

— Le diable !

— C'est un saint lieu ici! cria le moujik, qui se mit à se signer et à murmurer des prières.

— Écoute, vieillard, dit le pope, tu ne m'échapperas pas. Tu auras beau prier et beau te signer. Donne-moi plutôt ton vase d'or, sinon je te le ferai payer cher. Tu le vois, j'ai eu pitié de toi quand tu étais malheureux, et je t'ai fait découvrir le trésor, pensant que tu n'en prendrais qu'un peu pour payer les funérailles de ta femme. Mais tu le gaspilles entièrement.

Le vieillard regarda par la croisée, aperçut les cornes

et la barbe de la chèvre. — C'était le diable, à n'en pas douter.

— Débarrassons-nous de lui, de l'or, et de tout, pensa le vieillard. J'ai bien vécu jusqu'ici sans or, je vivrai encore de même.

Alors il prit le vase d'or, le porta hors de sa chaumière, le posa par terre et rentra chez lui aussi vite que possible.

Le pope s'empara du vase d'or et regagna à la hâte sa maison. Aussitôt arrivé, il dit à sa femme :

— Viens, la mère, j'ai l'or. Et cache-le bien, que personne ne puisse le découvrir. Maintenant, prends un couteau bien affilé, coupe le fil et enlève-moi la peau de chèvre avant qu'on me voie.

Elle prit un couteau et commençait à couper le fil quand le sang jaillit et que le pope se mit à hurler :

— Eh! la mère, tu me blesses, tu me blesses! Ne me coupe pas, ne me coupe pas!

Elle voulut enlever la peau de chèvre dans un autre endroit, et le sang jaillit encore. La peau de chèvre et le corps du pope ne faisaient plus qu'un. Et tout ce qu'essayèrent le pope et sa femme, tout ce qu'ils firent, même de rendre l'or au vieillard, ne servit à rien. La peau de chèvre resta toujours attachée au corps du pope.

Évidemment, Dieu le punissait de sa rapacité.

LA CROIX EN GAGE

Il y avait une fois deux marchands qui demeuraient sur le bord d'un torrent.

L'un était Russe, l'autre Tartare; tous deux étaient riches. — Mais le Russe fut tellement ruiné à la suite de quelque affaire, qu'il ne lui resta plus rien.

Tout ce qu'il avait fut confisqué ou pris. Le marchand russe, n'ayant plus rien, resta pauvre comme un rat.

Alors, il alla à son ami le Tartare et le pria de lui prêter quelque argent.

— Donne-moi un gage, dit le Tartare.

— Mais que puis-je te donner? Tu sais que je ne possède plus rien. Attends, pourtant: prends pour gage la croix qui a donné la vie au monde.

— Très-bien, mon ami! dit le Tartare. J'accepte ta croix. Ta foi ou la mienne, c'est tout un pour moi.

Et il donna au marchand russe 50,000 roubles.

Le Russe prit l'argent, dit adieu au Tartare et alla commercer en divers lieux.

Au bout de deux ans, il avait gagné 150,000 roubles par le moyen des 50,000 qu'il avait empruntés. Or, un jour qu'il naviguait sur le Danube, allant avec des marchandises de place en place, un orage s'éleva tout à coup et fut sur le point d'engloutir le vaisseau. Alors, le marchand se souvint qu'il n'avait emprunté de l'argent qu'en mettant en gage la croix qui donna la vie au monde, et qu'il n'avait pas encore songé à payer sa dette. C'était là sans doute la cause de l'orage qui grondait. Il n'eut pas plutôt dit ces paroles en lui-même que l'orage commença à s'apaiser.

Le marchand prit un baril, compta 50,000 roubles, écrivit une note au Tartare, l'y plaça avec l'argent, puis jeta le baril dans l'eau, en se disant : Puisque j'ai donné la croix comme gage au Tartare, l'argent lui parviendra certainement.

Le baril tomba aussitôt au fond du fleuve. Chacun supposa que l'argent était perdu. Mais qu'arriva-t-il?

Dans la maison du Tartare vivait une cuisinière russe. Un jour, elle alla chercher de l'eau à la rivière, et, quand elle y fut, elle vit flotter un baril. Alors, elle fit quelques pas dans l'eau et essaya de s'en emparer, mais sans réussir. Quand elle s'approchait du tonneau, il reculait; quand elle s'éloignait, le tonneau flottait au rivage. Elle fit encore plusieurs tentatives, puis revint à la maison et raconta à son maître ce qui lui était arrivé. D'abord, il ne voulut pas la croire; mais, à la fin, il se décida à aller à la rivière et à voir par ses yeux ce qu'était ce tonneau qui flottait. Quand il fut près du Danube, il s'assura que le tonneau flottait non loin du bord.

Alors, le Tartare enleva ses vêtements et entra dans l'eau. Il n'avait fait que quelques pas, que le baril flotta vers lui de son propre mouvement. Il s'en saisit, le rapporta chez lui, l'ouvrit et regarda dedans.

Il vit beaucoup d'argent, et dessus était un billet. Il prit le billet, et voici ce qu'il y lut :

« Cher ami, je te rends les 50,000 roubles que je t'ai empruntés, en te laissant en gage la croix qui donna la vie au monde. »

Le Tartare lut ces mots et fut étonné du pouvoir de la croix qui donna la vie au monde. Il compta l'argent pour voir si toute la somme y était.

Elle s'y trouvait exactement.

Pendant ce temps, le marchand russe, après avoir commercé cinq ans, fit une belle fortune. Puis il revint chez lui, et pensant que le baril était perdu, il crut de son premier devoir de régler avec le Tartare. Alors, alla chez lui et lui offrit l'argent qu'il avait emprunté. Mais le Tartare lui conta ce qui était arrivé, et comment il avait trouvé le baril dans la rivière, avec l'argent et le billet. Puis il lui montra le billet, en disant :

— Est-il bien de ta main?
— Sans doute, répliqua l'autre.

Chacun s'étonna de cette merveilleuse manifestation, et le Tartare dit :

— Je n'ai donc pas d'argent à recevoir de toi, frère; reprends-le.

Le marchand russe fit célébrer un service pour remercier Dieu, et le lendemain le Tartare fut baptisé avec toute sa famille.

Le marchand russe fut son parrain et la cuisinière sa marraine. Dans la suite, ils vécurent tous deux longtemps et heureusement, jusqu'à un âge avancé, et puis moururent dans la paix du Seigneur.

L'AFFREUX IVROGNE

Il y avait une fois un vieillard qui était bien le plus fieffé ivrogne qu'on pût voir.

Un jour il alla au cabaret, se grisa avec de l'eau-de-vie, et regagna ivre-mort sa maison, en battant les murailles.

Or la route qu'il suivait traversait une rivière.

Quand il fut au bord de l'eau, il ne s'arrêta pas longtemps à la regarder; mais il déchaussa ses bottes, se les pendit autour du cou et entra dans la rivière.

A peine avait-il fait la moitié du chemin qu'il heurta contre une pierre, culbuta dans l'eau, — et ce fut sa fin.

Or il laissait un fils, nommé Pétruska.

Quand Pétruska vit que son père avait disparu sans laisser de trace, il prit cet événement fort à cœur pendant quelque temps, pleura sur son sort et fit célébrer un service pour le repos de son âme. Il devint le chef de la famille.

Un dimanche, il se rendit à l'église pour prier Dieu.

Comme il cheminait le long de la route, une femme marchait péniblement devant lui. Elle marcha, marcha, trébucha contre une pierre et se mit à jurer contre elle, en disant : Quel est le diable qui t'a placée sous mon pied !

Entendant ces paroles, Pétruska dit :

— Bonjour, tante, où allez-vous ?

— A l'église, mon cher, pour prier Dieu.

— Mais votre conduite n'est-elle pas blâmable ? Vous allez à l'église pour prier Dieu, et pourtant vous pensez au maudit ! votre pied trébuche et vous en rejetez la faute sur le diable !

Puis il continua son chemin, arriva à l'église et ensuite retourna chez lui.

Il marcha et marcha, quand soudain, Dieu sait d'où, apparut devant lui un homme de belle apparence qui lui fit un salut et lui dit :

— Merci, Pétruska, de ta bonne parole !

— Qui es-tu, de quoi me remercies-tu ? demanda Pétruska.

— Je suis le diable. Je te remercie, parce que, lorsque cette femme a trébuché et m'a insulté sans raison, tu as dit une bonne parole en ma faveur.

Alors il commença à le prier, disant :

— Pétruska, viens me faire visite. Sois certain que je t'en récompenserai. Je te donnerai en cadeau de l'or, de l'argent et toutes sortes de belles choses.

— Soit, dit Pétruska, j'irai te voir,

Quand le diable lui eut indiqué le chemin qu'il avait à prendre, il disparut subitement, et Pétruska regagna la maison.

Le lendemain, Pétruska se mit en route pour rendre visite au démon. Il marcha, marcha; pendant trois jours entiers, il marcha; enfin, il atteignit une vaste forêt, si sombre et si épaisse qu'il était impossible d'apercevoir le ciel à travers les feuilles. Et dans cette forêt s'élevait un riche palais. Pétruska entra dans le palais, et une belle fille frappa sa vue. Elle avait été enlevée jadis de son village par les esprits infernaux.

Dès qu'elle l'aperçut, elle s'écria :

— Que venez-vous faire ici, bon jeune homme ? Vous êtes entré dans le séjour des démons ; ils vont vous mettre en pièces.

Pétruska lui conta comment et pourquoi il se trouvait dans ce palais.

— Eh bien, donc, souvenez-vous de ceci, dit la belle fille ; le diable commencera par vous donner de l'or et de l'argent. — Refusez d'en prendre, mais demandez-lui la rosse infortunée dont les mauvais esprits se servent pour aller chercher le bois et l'eau. Ce cheval, c'est votre père ! Lorsqu'il sortit ivre du cabaret et qu'il tomba dans l'eau, les démons s'emparèrent de lui et en firent leur cheval de peine, et maintenant ils s'en servent pour rapporter le bois et l'eau.

Alors apparut le personnage qui avait invité Pétruska. Il régala son hôte de toutes espèces de mets et de boissons.

Quand le temps fut venu pour Pétruska de retourner à son logis, le diable lui dit : — Viens, je veux te donner de l'argent avec un beau cheval, afin que tu regagnes rapidement ta demeure.

— Je n'ai besoin de rien, répliqua Pétruska. Mais si vous désirez me faire un cadeau, donnez-moi l'affreuse bête dont vous vous servez pour porter l'eau et le bois.

— A quoi peut-il t'être bon ? Si tu veux le faire marcher un peu vite, tu peux être sûr qu'il en mourra.

— Ne vous inquiétez pas de cela, donnez-le-moi tout de même, je ne prendrai rien autre chose.

Alors le diable lui donna la vilaine bête. Pétruska la prit par la bride et l'emmena. Aussitôt qu'il eut atteint la porte, la belle fille lui apparut et lui demanda :

— Avez-vous le cheval ?

— Oui.

— Eh bien, donc, bon jeune homme, quand vous approcherez de votre village, retirez votre croix, tracez trois cercles autour du cheval, puis pendez la croix autour de son cou.

Pétruska prit congé d'elle et poursuivit son chemin.

Quand il fut près de son village, il fit exactement ce que la fille lui avait conseillé. Il enleva sa croix de cuivre, traça trois cercles autour du cheval et suspendit la croix à son cou.

Aussitôt le cheval disparut ; mais à sa place, devant Pétruska, se dressa son propre père.

Le fils le considéra, fondit en larmes, et le mena à

sa chaumière; et pendant trois jours, le vieillard resta sans parler, incapable qu'il était de faire usage de sa langue.

Dans la suite, ils vécurent heureusement et dans la prospérité.

Le vieillard cessa de se livrer à la boisson, et jusqu'à son dernier jour il ne but jamais une seule goutte d'eau-de-vie.

LA MÉCHANTE FEMME

Une méchante femme vivait dans les plus mauvais termes avec son mari, et jamais ne faisait attention à ce qu'il disait. Si son mari lui demandait de se lever de bonne heure, elle restait couchée trois jours tout de son long; s'il la priait d'aller se coucher, elle refusait de dormir. Quand son mari lui demandait de faire des crêpes, elle disait : « Est-ce que tu mérites de manger des crêpes, voleur! » S'il disait : « Ne fais pas de crêpes, ma femme, je n'en mérite pas, » elle se mettait à en préparer une marmite de deux gallons et disait : « Dévore-les, voleur! jusqu'à ce que tu en crèves! » Lui arrivait-il de dire : — Ma femme, je suis réellement fâché de te voir travailler et t'échiner ainsi; ne sors pas pour aller tailler la haie.

— Non, non, voleur! répliquait-elle, j'irai; et avise-toi de marcher derrière moi!

Un jour, après s'être chamaillé et disputé avec sa

femme, notre homme alla dans la forêt pour chercher des fruits et se distraire de son chagrin. Il arriva près d'un buisson de groseilles, et au milieu du buisson il aperçut un précipice sans fond. Il le regarda pendant quelque temps et se prit à dire : Pourquoi vivrais-je malheureux avec une mauvaise femme? Ne pourrais-je pas la jeter dans ce précipice et lui donner ainsi une bonne leçon?

Puis il regagna le logis. Il dit : —Femme ne vas pas dans le bois, à la recherche des fruits.

— Au contraire, épouvantail à moineaux! je veux y aller.

— J'ai trouvé un buisson de groseilles, ne les mange pas

— Au contraire, je veux le faire, et j'irai, et je n'en laisserai pas une, et je ne te donnerai pas une seule groseille.

Le mari sortit, sa femme avec lui. Il alla au buisson de groseilles et sa femme y pénétra, criant de toute sa voix :

— N'approche pas du buisson, espèce de voleur, ou je te tue!

Alors, elle entra au beau milieu du buisson et tomba dans le précipice sans fond. Le mari revint joyeusement à la maison et resta chez lui trois jours. Le quatrième, il alla voir comment les choses s'étaient passées.

Il prit une longue corde et la descendit dans le précipice. Un petit démon en profita pour sortir. Perdant la tête, notre homme allait repousser le lutin dans l'abîme; mais celui-ci le pria et le supplia en disant :

— O paysan! ne me rejette pas dans le précipice, laisse-moi voyager par le monde. Une mauvaise femme est tombée chez nous, elle nous mangera tous: elle nous pince, elle nous mord. Il n'y a plus moyen d'y tenir. Si tu accueilles ma prière, je t'en récompenserai.

Alors, le paysan le laissa libre d'aller où bon lui semblerait dans la sainte Russie. Le lutin lui dit :

— Paysan, viens avec moi à la ville de Vologda; j'entrerai dans le corps des habitants et tu les guériras.

Alors, le diablotin se rendit à un endroit où il y avait des femmes et des filles de marchands, et dès qu'elles étaient possédées par lui, elles tombaient malades et devenaient folles. Puis, le paysan se présentait dans la maison où se trouvaient des malades de cette espèce; il n'y était pas plutôt entré qu'il en faisait sortir l'ennemi. Alors, dans la maison c'étaient des bénédictions! Chacun s'imaginait que le paysan était un grand docteur; chacun lui donnait de l'argent et le bourrait de gâteaux.

Le paysan amassa ainsi une somme considérable. Enfin, le démon lui dit :

— Tu es riche à présent, paysan; tu dois être content? Je vais maintenant entrer dans la fille d'un boyard; je te défends de la guérir; souviens-toi de ce que je te dis, sinon je te mangerai.

La fille du boyard tomba malade, et sa folie était

telle, qu'elle voulait dévorer tout le monde ! Le boyard donna l'ordre d'aller à la recherche du paysan, ou plutôt de ce grand médecin. Le paysan arriva, entra dans la maison et dit au boyard de réunir toute la ville et de faire stationner dans la rue des voitures avec leurs cochers. En outre, il donna l'ordre à tous les cochers de faire claquer leur fouet et de crier de toutes leurs forces :

— La mauvaise femme arrive ! la mauvaise femme arrive !

Puis il entra dans la chambre. Aussitôt qu'il y mit les pieds, le démon se précipita à sa rencontre en criant :

— Que fais-tu là, Russe ? Pourquoi es-tu venu ici ? Je vais te manger !

— Que voulez-vous dire ? dit le paysan, je ne suis pas venu ici pour vous chasser. C'est par pitié pour vous que je viens vous dire que la mauvaise femme arrive.

Le démon se précipita à la croisée, regarda de tous ses yeux et entendit tout le monde criant à pleins poumons ces mots :

— La mauvaise femme !

— Paysan, dit le démon, où puis-je me cacher ?

— Redescends dans le précipice, puisqu'elle n'y est plus.

Le démon retourna au précipice, mais aussi à la mauvaise femme !

En récompense de ce service, le boyard fit un riche cadeau au paysan : il lui donna sa fille en mariage avec la moitié de son bien.

Quant à la mauvaise femme, elle est encore dans le précipice, et, de la sorte, c'est bien l'enfer!

LA GOLOVIKHA
OU MAIRESSE

Une femme était très-vaniteuse.

Son mari revint un jour du conseil du village. Elle lui demanda : — Qu'est-ce qui a été décidé?

— Ce que nous avons décidé? de choisir un maire.

— Qui avez-vous choisi?

— Personne encore.

— Choisissez-moi, dit la femme.

Son mari retourna donc auprès du conseil et raconta aux anciens ce que sa femme lui avait dit. (C'était une mauvaise femme, et elle méritait que son mari lui donnât une leçon.) Ils la choisirent aussitôt pour mairesse.

Alors la femme alla, régla toutes les questions, reçut des présents et but des liqueurs aux dépens des paysans. Mais le temps arriva de percevoir la taxe; la mairesse ne put pas le faire et ne sut pas la percevoir à temps. Alors arriva un cosaque qui demanda la mairesse; mais la femme s'était cachée.

Aussitôt qu'elle apprit que le cosaque était arrivé, elle s'enfuit de chez elle.

— Où, — où puis-je me cacher? cria-t-elle à son mari. Cher mari, fourre-moi dans un sac et mets-moi dans l'endroit où sont les sacs de blé.

Or il y avait dehors cinq sacs de blé de semence.

Le mari de la mairesse fit entrer sa femme dans un sac, qu'il plaça parmi les cinq autres.

Le cosaque arriva et dit :

— Ah! ainsi, la mairesse s'est cachée?

Puis il se mit à fouetter les sacs l'un après l'autre avec son fouet, et la femme de hurler de toute sa force en criant :

— O mon père! je ne veux plus être mairesse! je ne veux plus être mairesse!

A la fin, le cosaque cessa de frapper les sacs et partit. Mais la femme avait suffisamment de la mairie, et depuis ce temps elle obéit toujours à son mari.

LES TROIS COPECKS

Il y avait une fois un pauvre petit orphelin qui n'avait rien du tout pour vivre. Alors, il alla trouver un riche moujik et se loua à lui en convenant de travailler au prix d'un copeck par an. Et quand il eut travaillé toute une année et qu'il eut reçu son copeck, il alla à un puits et le jeta dans l'eau, en disant :

— Si mon copeck ne s'enfonce pas, je le garderai ; ce sera une preuve certaine que j'ai servi mon maître avec fidélité.

Mais le copeck tomba au fond. Alors, l'orphelin resta en service une seconde année et reçut un second copeck. De nouveau il le jeta dans le puits, et celui-ci tomba encore au fond. Il resta une troisième année, travailla, travailla jusqu'à ce que vint le paiement. Alors, son maître lui donna un rouble.

— Non, dit l'orphelin, je ne veux pas de votre argent, donnez-moi mon copeck. Il prit son copeck et le jeta dans le puits. Mais, voyez! les trois copecks flottèrent à la surface de l'eau ! Il les prit donc et entra dans la ville.

Comme il passait dans la rue, il avisa des petits garçons qui, s'étant emparés d'un petit chat, le tourmentaient.

Il en fut désolé et il dit :

— Voulez-vous me donner ce chaton, mes garçons ?
— Oui, nous vous le vendrons.
— Qu'est-ce que vous en demandez ?
— Trois copecks !

Alors, l'orphelin acheta le chaton, et peu après se loua à un marchand pour rester dans sa boutique.

Les affaires du marchand commencèrent à prospérer merveilleusement ; il ne pouvait pas s'approvisionner assez vite ; les acheteurs lui enlevaient tout en un clin d'œil. Le marchand se prépara à aller en mer : il fréta un vaisseau et dit à l'orphelin :

— Donne-moi ton chat. Il attrapera les souris à bord et il me distraira.

— Prenez-le, mon maître. Seulement, si vous le perdez, je vous le vendrai cher.

Le marchand arriva dans une terre éloignée et descendit à l'auberge. L'aubergiste vit qu'il avait beaucoup d'argent ; aussi lui donna-t-il une chambre infestée par des troupes sans nombre de rats et de souris, en se disant à lui-même : S'il leur arrivait de le dévorer, son argent me resterait. Car, dans ce pays, on ne connaissait pas les chats ; aussi les rats et les souris étaient-ils complétement les maîtres.

Bien. — Le marchand prit le chat avec lui dans sa

chambre et se mit au lit. Le lendemain matin, l'aubergiste entra dans la chambre. Il trouva le marchand vivant et en bonne santé, tenant le chat dans ses bras et caressant sa fourrure. Le chat faisait ronron, chantant sa chanson, et sur le plancher était un monceau énorme de rats morts et de souris.

— Maître marchand, vendez-moi cette bête, dit l'aubergiste.

— Certainement.

— Qu'est-ce que vous en demandez ?

— Une bagatelle ! Je ferai tenir la bête debout sur ses pattes de derrière, tandis que je la tiendrai par ses pattes de devant, et vous empilerez des pièces d'or autour d'elle, en quantité suffisante pour la cacher. Je me contenterai de cela.

L'aubergiste consentit au marché. Le marchand lui donna le chat, reçut assez d'or pour remplir un sac, et après avoir fini ses affaires, se décida à retourner chez lui.

Comme il faisait voile sur la mer, il pensa : Pourquoi donnerais-je l'or à cet orphelin ? Tant d'argent pour un simple chat, ce serait bien trop d'une aussi bonne chose ! Mieux vaut le garder pour moi.

Au moment où il commit par pensée ce péché, il s'éleva tout à coup un orage si épouvantable que le vaisseau était sur le point de sombrer. Ah ! malheureux que je suis ! j'ai désiré ce qui ne m'appartient pas.

Seigneur, pardonne à un pêcheur ! Je ne garderai pas un seul copeck pour moi.

Aussitôt que le marchand eut commencé à faire sa prière, les vents s'apaisèrent, la mer se calma, et le vaisseau aborda heureusement dans le port.

— Salut, maître ! dit l'orphelin. Mais où est mon chat ?

— Je l'ai vendu, répondit le marchand ; voilà ton argent, prends tout pour toi.

L'orphelin reçut le sac d'or, prit congé du marchand et alla sur la plage où se tenaient les matelots. Il obtint d'eux une cargaison d'encens, en échange de son or ; il sema l'encens le long de la plage et il le brûla en l'honneur de Dieu. La suave odeur s'en répandit par tout le pays. Tout à coup, un vieillard apparut qui dit à l'orphelin :

— Que désires-tu, des richesses, ou une bonne épouse ?

— Je ne sais pas, vieillard.

— Eh bien, donc, va aux champs. Tu y verras trois frères en train de labourer. Demande-leur de te conseiller.

L'orphelin alla aux champs. Il regarda et vit des paysans en train de labourer le sol.

— Dieu vous soit en aide ! dit-il.

— Merci, brave homme, répondirent-ils. Qu'est-ce que vous désirez ?

— Un vieillard m'a envoyé ici. Il m'a dit de vous

demander ce que je dois souhaiter, des richesses ou d'une bonne épouse.

— Demandez à notre frère aîné : le voilà assis dans un chariot.

L'orphelin s'approcha du chariot et vit un petit garçon qui paraissait avoir environ trois ans.

Comment peut-il être leur frère aîné ? pensa-t-il.

Néanmoins il lui demanda :

— Que me conseillez-vous de choisir, la richesse ou une bonne épouse ?

— Choisissez la bonne épouse.

Alors, l'orphelin revint vers le vieillard.

— On m'a dit de choisir une bonne épouse, répondit-il.

— C'est très-bien, dit le vieillard; et il disparut.

L'orphelin jeta les yeux autour de lui. A ses côtés se tenait une belle femme.

— Salut, bon jeune homme ! dit-elle. Je suis ta femme. Allons chercher un endroit pour nous y établir.

L'AVARE

Il y avait autrefois un riche marchand nommé Marco. Jamais homme plus ladre n'avait vécu.

Un jour, il alla à la promenade. Comme il cheminait, il vit un mendiant, — un vieillard accroupi, — demandant l'aumône.

— Veuillez me faire l'aumône, ô vous orthodoxe, au nom du Christ!

Mais le riche passa. A ce moment arrivait derrière lui un pauvre moujik qui, prenant pitié du mendiant, lui donna un copeck. Le riche parut honteux; il s'arrêta et dit au moujik :

— Eh! voisin, prête-moi un copeck. Je désire donner quelque chose à ce pauvre homme, et je n'ai pas de monnaie.

Le moujik lui donna un copeck et demanda quand il pourrait aller le réclamer.

— Viens demain, fut la réponse.

Bien. — Le lendemain, le pauvre homme alla redemander son copeck au riche. Il entra dans sa spacieuse cour et demanda :

— Marco le riche est-il chez lui?
— Oui. — Que désires-tu? répliqua Marco.
— Je viens chercher mon copeck.
— Ah! frère, reviens une autre fois. Je n'ai pas de monnaie en ce moment, je t'assure.

Le pauvre homme le salua et partit.
— Je reviendrai demain, dit-il.

Le lendemain il revint, mais ce fut la même histoire que la veille.

— Je n'ai pas de monnaie. Si tu veux me changer un billet de cent...! — Non. — Eh bien, alors, reviens dans quinze jours.

Au bout de la quinzaine, le pauvre revint, et quand Marco le riche l'aperçut de la croisée, il dit à sa femme :

— Allons, femme! je vais me mettre tout nu et me coucher sous les saintes peintures. Couvre-moi d'un drap, assieds-toi près de moi et fais des lamentations comme si j'étais un cadavre. Quand le moujik viendra chercher son argent, tu lui diras que je suis mort ce matin.

Bien. — La femme fit ce que son mari lui avait ordonné. Tandis qu'elle était là à fondre en larmes, le moujik entra dans la chambre.

— Que voulez-vous? dit-elle.
— L'argent que Marco le riche me doit, répond le pauvre diable.
— Ah! moujik, le riche Marco nous a dit adieu; il vient de mourir.

— Que le royaume du ciel soit à lui! Si vous le permettez, maîtresse, je lui rendrai un dernier service en retour pour mon copeck et je laverai ses restes mortels.

Ainsi disant, il saisit un pot plein d'eau bouillante et le versa tout entier sur le riche Marco. Marco fronça les sourcils, tordit les jambes et pouvait à peine y tenir.

— Tortille-toi ou non, comme tu voudras, pensa le pauvre diable; mais paie-moi mon copeck.

Quand il eut baigné le corps et qu'il l'eut arrangé convenablement, il dit:

— Maintenant, maîtresse, achetez un cercueil et portons-le dans l'église. Je lirai des psaumes sur votre mari.

Ainsi Marco le riche fut mis dans un cercueil et porté à l'église. Le moujik se mit à lire des psaumes sur lui. L'obscurité de la nuit arriva. Tout à coup, une fenêtre s'ouvrit et une troupe de voleurs pénétra dans l'église. Le moujik se cacha derrière l'autel.

Aussitôt que les voleurs furent entrés, ils commencèrent à partager leur butin; après que toutes les parts eurent été faites, il resta encore un sabre d'or. Chacun voulut se l'approprier; personne ne voulait l'abandonner au voisin. Le pauvre sortit de derrière son pilier en criant :

— A quoi bon vous disputer de la sorte? Que le sabre appartienne à celui qui tranchera la tête de ce cadavre.

Marco le riche se dressa aussitôt comme un fou. Les voleurs furent saisis de terreur, abandonnèrent leurs dépouilles et décampèrent.

— Eh! moujik! dit Marco, partageons l'argent.

Ils en firent deux parts égales, et chaque part était considérable.

— Mais, demanda le pauvre diable, comment nous arrangerons-nous pour mon copeck?

— Ah! frère, répondit Marco, tu vois bien par toi-même que je n'ai pas de monnaie!

C'est ainsi que Marco le riche ne lui rendit jamais son copeck.

LE FOU ET LE BOULEAU

Dans un certain pays demeurait autrefois un vieillard qui avait trois fils.

Deux étaient intelligents, mais le troisième était imbécile. Le vieillard mourut, ses fils se partagèrent son bien.

Les plus malins s'attribuèrent une quantité de bonnes choses; mais il n'échut à l'innocent qu'un bœuf, et encore n'avait-il que la peau sur les os.

Bien. — Le temps de la foire vint, et les frères adroits se disposèrent à s'y rendre et à y faire leurs affaires.

L'innocent vit cela et dit :

— J'irai aussi et j'emmènerai mon bœuf pour le vendre.

Alors, il attacha une corde à la corne du bœuf et le mena à la ville.

Sur sa route, il vint à traverser une forêt.

Dans cette forêt il y avait un bouleau blanc. Lorsque le vent souffla, le bouleau se mit à craquer.

— Qu'est-ce que ce bouleau a donc à craquer? pensa l'imbécile. Sans doute il veut marchander mon bœuf.

Eh bien, dit-il, si tu veux l'acheter, qu'en donnes-tu? Je ne refuse pas de le vendre. Le prix du bœuf est de vingt roubles, je ne le céderai pas à moins. Montre-moi ton argent.

Le bouleau ne répondit pas, mais il continua à craquer.

Quant à l'imbécile, il s'imagina que l'arbre demandait à prendre le bœuf à crédit. — Très-bien, dit-il, j'attendrai jusqu'à demain.

Il attacha le bœuf au bouleau, prit congé de l'arbre et rentra chez lui.

En même temps que lui arrivèrent ses frères intelligents, qui le questionnèrent :

— Eh bien, imbécile, as-tu vendu ton bœuf?
— Oui.
— Combien?
— Vingt roubles.
— Où est l'argent?
— Je ne l'ai pas encore reçu. Il est convenu que j'irai le chercher demain.
— Tu as fait quelque bêtise! dirent-ils.

De bonne heure, le lendemain, l'imbécile se leva, s'habilla et partit pour réclamer son argent au bouleau. Il gagna le bois : le bouleau se balançait dans le vent, mais le bœuf n'y était plus. Pendant la nuit, les loups l'avaient mangé.

— Allons, voisin! s'écria-t-il, paie-moi mon argent. Tu m'as promis de me payer aujourd'hui.

Le vent souffla, le bouleau craqua et l'imbécile cria :

— Quel menteur tu fais ! hier tu m'as dit : Je te paierai demain, et maintenant tu me fais encore la même promesse. Eh bien, soit, j'attendrai encore un jour, mais pas plus longtemps. Moi aussi, j'ai besoin d'argent.

Quand il fut de retour, ses frères le pressèrent de questions.

— As-tu rapporté ton argent ?
— Non, frères, j'ai promis d'attendre à demain.
— A qui l'as-tu vendu ?
— Au bouleau blanc qui est dans la forêt.
— Ah ! quel idiot !

Le troisième jour, l'imbécile prit sa hache et partit dans la forêt. Arrivé là, il réclama son argent ; mais le bouleau continua à craquer et à craquer. — Non, non, voisin, dit-il, tu veux toujours me leurrer de promesses, il n'y a rien à attendre de toi. Je n'aime pas ces plaisanteries. — Je saurai bien m'en venger.

En disant ces mots, il frappa le bouleau si fort avec sa hache que les éclats en sautèrent dans toutes les directions. Or, dans ce bouleau, il y avait un creux, et dans ce creux, des voleurs avaient caché un vase plein d'or. L'arbre se fendit, et l'imbécile aperçut l'or. Il en prit autant que les pans de son caftan purent en contenir et il revint tout chargé chez lui. Il montra à ses frères ce qu'il apportait.

— Où as-tu trouvé tant d'argent, imbécile ? dirent-ils.

— Un voisin me l'a donné pour mon bœuf; mais ce n'est rien à côté de ce qu'il y a encore : je n'en ai pas rapporté la moitié! Allons, frères, prendre ce qui reste.

Alors, ils partirent pour la forêt, s'emparèrent de l'argent et le rapportèrent chez eux.

— Maintenant, imbécile, dirent les frères prudents, souviens-toi de ne dire à personne que nous avons tant d'or.

— Ne craignez rien, je ne le dirai à âme qui vive.

Tout à coup, ils rencontrèrent un diacre qui leur dit :

— Frères, que rapportez-vous de la forêt?

Les malins répondirent : — Des champignons. Mais l'imbécile les contredit en disant :

— Ils vous content des mensonges! nous rapportons de l'argent, voyez donc.

Le diacre cria : — «Oh!» Puis il sauta sur l'or, en prit des poignées et en fourra dans ses poches tant qu'il put. L'imbécile se mit en colère, lui donna un coup de hache et l'étendit mort.

— Eh imbécile! qu'as-tu fait? crièrent ses frères. Tu es un homme perdu et tu seras la cause de notre mort. Où mettrons-nous le cadavre?

Ils réfléchirent, réfléchirent, et enfin ils le cachèrent dans un cellier vide. Mais dans la soirée, quand il fut tard, le frère aîné dit au second :

— Tout cela tournera mal. Quand on cherchera le diacre, tu verras que l'imbécile leur racontera tout.

Tuons une chèvre (1) et enterrons-la dans le cellier. Quant au cadavre du diacre, cachons-le dans quelque autre endroit.

Alors, ils attendirent jusqu'à la tombée de la nuit, puis tuèrent une chèvre, la mirent dans le cellier et emportèrent le diacre dans un autre lieu, où ils l'enterrèrent.

Plusieurs jours se passèrent. Tout le monde se demanda ce qu'était devenu le diacre, et on le chercha partout.

— Qu'en voulez-vous faire? dit l'imbécile au premier qui le questionna; je l'ai tué, il y a quelques jours, avec ma hache, et mes frères l'ont porté dans le cellier.

Aussitôt ils mirent la main sur l'imbécile en criant :

— Conduis-nous au cellier et montre-nous le diacre.

L'imbécile descendit dans le cellier, prit la tête de la chèvre et demanda :

— Votre diacre avait-il les cheveux noirs?
— Oui.
— Et avait-il une barbe?
— Oui, il avait une barbe.
— Et des cornes?
— De quelles cornes parles-tu, imbécile?

---

(1) En Russie, les paysans donnent à leurs popes le surnom de chèvre.

— Eh bien, voyez vous-mêmes, dit-il, leur montrant la tête de la chèvre.

Ils regardèrent, virent que c'était une tête de chèvre, crachèrent à la figure de l'imbécile et rentrèrent chez eux.

LA TARENTULE

Dans les siècles écoulés, il y a longtemps, longtemps, la détresse et la honte entraient dans le monde en même temps que la saison du printemps et que la chaleur de l'été; car les cousins et les mouches commençaient à essaimer, mordant les gens et faisant couler leur sang échauffé.

C'est alors qu'apparut la Tarentule, ce héros hardi qui, de ses longs bras, tresse des toiles par les grands chemins et par les sentiers dans lesquels on trouve le plus de mouches et de cousins.

Un horrible taon, passant dans ce chemin, tomba droit dans le piége de l'araignée. L'araignée, lui serrant étroitement le cou, se disposait à le mettre hors du monde.

Le taon pria l'araignée de lui accorder merci:

— Bonne mère araignée, je t'en prie, ne me tue pas. J'ai tant d'enfants; si tu me fais mourir, ils resteront orphelins et seront obligés d'aller de porte en porte mendier leur pain et le disputer aux chiens.

Alors, l'araignée le relâcha. Le taon s'enfuit, et partout bourdonnant et murmurant, il raconta aux mouches et aux cousins ce qui lui était arrivé.

— O vous, cousins et mouches, cachez-vous sous les racines de ce frêne ; car une araignée est venue, et en remuant ses bras elle a tissé ses filets et placé ses toiles dans tous les chemins par lesquels passent les mouches et les cousins. Elle vous prendra tous, sans en laisser échapper un.

Ils s'enfuirent à l'endroit indiqué, se cachèrent sous les racines du frêne et s'y couchèrent, comme s'ils étaient morts. L'araignée y accourut et elle trouva un grillon, un scarabée et une punaise des bois.

— Toi, grillon, cria-t-elle, assieds-toi sur ce remblai et prends une prise de tabac. — Toi, scarabée, tu battras du tambour ; et toi, punaise des bois, tu te glisseras sous le frêne et tu répandras partout la nouvelle que l'araignée, ce hardi héros, cet athlète, ce lutteur, n'est plus de ce monde. Tu diras qu'on l'a envoyé à Kazan ; que dans Kazan, sur un billot, on lui a coupé la tête, et qu'ensuite on a détruit le billot.

Sur le remblai, le grillon s'assit et prit du tabac.

Le scarabée battit du tambour. La punaise des bois se glissa sous les racines du frêne et cria :

— Pourquoi nous cacher ? pourquoi restons-nous ici comme si nous étions morts ? Elle a cessé de vivre, l'araignée, l'athlète, le hardi héros ! On l'a envoyée à Kazan, et dans Kazan on a fait rouler sa tête sur le billot, et après on a détruit le billot.

Les cousins et les mouches commencèrent à devenir joyeux et gais. Trois fois ils se signèrent, puis ils s'envolèrent tout droit dans les filets de l'araignée, qui leur dit :

— Comme vous venez rarement ! Je voudrais que vous me rendissiez visite plus souvent, pour savourer mon vin et ma bière, et me payer tribut.

LE FORGERON ET LE DÉMON

Il y avait une fois un forgeron qui avait un petit garçon de six ans, plein d'intelligence et de vivacité.

Un jour, le vieillard alla à l'église, et comme il se trouvait devant un tableau du *Jugement dernier*, il remarqua un démon qui y était peint, mais terrible! un démon tout noir avec des cornes et une queue! « Oh! s'écria-t-il, si j'en faisais peindre un semblable pour ma forge! » Alors, il fit venir un artiste et lui ordonna de peindre sur la porte de la forge un démon exactement pareil à celui qu'il avait vu dans l'église. L'artiste le peignit. Depuis ce temps le vieillard, chaque fois qu'il entrait dans la forge, regardait toujours le démon et lui disait : — Bonjour, pays!

Puis il mettait le feu dans la fournaise et commençait son ouvrage.

Bien. — Le forgeron vécut en bonne intelligence avec le démon quelque dix ans. Alors, il tomba malade et mourut. Son fils lui succéda comme chef de la famille et prit la direction de la forge. Mais il n'était pas disposé au respect pour le démon, comme son vieux bonhomme de père.

Quand il entrait dans la forge au matin, il ne lui disait jamais bonjour ; au lieu d'adresser au démon une bonne parole, il saisissait son plus lourd marteau et il le frappait trois fois sur le front, puis se mettait à l'ouvrage. Et quand arrivait l'un des saints jours de Dieu, il se rendait à l'église et offrait un cierge à chaque saint ; puis se dirigeant vers le démon, il lui crachait à la figure. Trois ans s'écoulèrent ainsi, et chaque jour, il favorisait le maudit soit d'un crachat, soit d'un coup de marteau.

Le démon endura longtemps ces outrages ; mais, à la fin, il trouva que cela passait toute permission. C'en était réellement trop.

— J'ai supporté assez longtemps les insultes de cet homme, pensa-t-il ; il faut que j'use un peu de diplomatie et que je lui joue un bon tour.

Alors, le démon prit la forme d'un jeune homme et alla à la forge.

— Bonjour, mon oncle, dit-il.

— Bonjour.

— Que dirais-tu, mon oncle, de me prendre comme apprenti ? Je pourrai toujours te porter ton charbon et te souffler ta forge.

Le forgeron accepta cette proposition.

— Pourquoi non ? répliqua-t-il ; deux valent mieux qu'un.

Le démon commença donc à apprendre son métier. Au bout du mois, il en savait plus que son maître lui-même, et il pouvait faire des choses dont son maître était incapable. C'était un vrai plaisir de le regarder! Son maître en était satisfait au-delà de toute expression, et il s'attacha à lui.

Le maître avait une telle confiance en son ouvrier, que souvent il n'allait pas à la forge et qu'il lui en laissait toute la responsabilité.

Or il advint un jour que le maître était sorti et que l'ouvrier était resté seul à la forge. Soudain, il vit passer dans la rue, étendue dans sa voiture, une vieille dame. Alors, il mit la tête en dehors de la porte et s'écria :

— Eh! madame, veuillez vous arrêter ici; nous avons entrepris un nouveau métier : nous rajeunissons les vieilles gens.

La grande dame sauta aussitôt de sa voiture et s'élança dans la forge.

— Qu'est-ce que tu racontes? ce que tu dis est-il vrai? en es-tu réellement capable? demanda-t-elle au jeune homme.

— Nous n'en sommes pas à apprendre notre métier, dit le démon. Si je n'avais pas été capable de faire ce que je promets, je me garderais d'inviter les gens à essayer de mon pouvoir.

— Et combien cela coûte-t-il? demanda la dame.

— Cinq cents roubles!

— Cinq cents roubles! Eh bien, voilà ton argent; fais de moi une jeune femme.

Le démon prit l'argent, puis il envoya le cocher de la dame dans le village.

— Va, dit-il, me chercher deux jattes pleines de lait. Après quoi, il prit une paire de pinces, saisit la dame par les pieds, la plongea dans la fournaise et la brûla. Il ne resta d'elle rien que les os.

Quand les jattes de lait furent apportées, il les vida dans un grand baquet, puis il rassembla tous les os et les jeta dans le lait. O merveille! au bout d'environ trois minutes, la dame sortit du lait vivante, jeune et belle.

Alors, elle monta dans sa voiture et rentra chez elle.

Elle alla se camper devant son mari, qui la regarda de tous ses yeux, sans pouvoir reconnaître sa femme.

— Qu'est-ce que tu as donc à me regarder comme cela? dit la dame. Je suis jeune et élégante, comme tu vois, et je ne veux pas d'un vieux mari; va-t'en tout de suite chez le forgeron, et dis-lui de faire de toi un jeune homme; si tu ne le faisais pas, je ne voudrais jamais plus te reconnaître.

Il n'y avait pas à hésiter, le seigneur partit.

Or, pendant ce temps, le forgeron était revenu chez lui et était rentré dans la forge. Il regarda autour de lui, et il ne vit pas son ouvrier. Il chercha, chercha, questionna, questionna, ne put rien apprendre. On ne trouva pas trace du jeune homme. Le forgeron se mit donc à l'ouvrage, et il était en train de battre l'enclume, quand le seigneur entra et marcha droit à lui.

— Fais de moi un jeune homme! dit-il.

— Avez-vous votre bon sens, seigneur comte? comment puis-je faire de vous un jeune homme?

— Allons donc, tu le sais parfaitement.

— Je n'en sais vraiment rien.

— Tu mens, coquin! Puisque de ma vieille femme tu as fait une jeune dame, tu peux aussi me rendre la jeunesse. Si tu ne le fais, je ne pourrai plus vivre avec elle!

— Que dites-vous? Je n'ai jamais vu seulement votre bonne dame.

— Ton ouvrier l'a vue, et c'est la même chose; s'il sait la manière d'opérer cette métamorphose, assurément toi, qui as vieilli dans le métier, tu dois l'avoir appris il y a longtemps. Mets-toi donc à l'ouvrage tout de suite; si tu refuses, il t'arrivera malheur. Je te ferai étriller avec une branche de bouleau.

Le forgeron fut obligé d'essayer de transformer le seigneur.

Il prit à part le cocher et lui demanda comment s'y était pris son ouvrier avec la comtesse, et ce qu'il lui avait fait; puis il se dit :

Ainsi soit-il! je ferai de même. Si je retombe sur mes pieds, c'est bon. Sinon, il n'en sera ni plus ni moins!

Alors il se mit à l'ouvrage ; il déshabilla son seigneur, le saisit par les pieds avec les pinces, le plongea dans la fournaise et commença à tirer ses soufflets.

Quand le seigneur fut réduit en cendres, le forgeron recueillit ses restes et les plongea dans le lait. Puis il attendit, anxieux de voir s'il en sortirait bientôt un jeune seigneur.

Le forgeron attendit une heure, deux heures. Mais rien ne venait. Il chercha dans le baquet. Il n'y trouva que des os encore tout carbonisés.

A ce moment, des messagers arrivèrent à la forge pour demander, de la part de la comtesse, si le seigneur serait bientôt prêt.

Le pauvre forgeron ne put que répondre que le seigneur n'était plus.

Quand la comtesse apprit que le forgeron avait simplement changé son mari en cendres au lieu d'en faire un jeune homme, elle se mit dans une colère affreuse. Elle rassembla ses fidèles serviteurs et leur ordonna de mener au gibet le forgeron.

Aussitôt dit, aussitôt fait. Les serviteurs coururent à la maison du forgeron, se saisirent de lui, lui lièrent les mains et le traînèrent à la potence. Tout à coup, ils virent venir le jeune homme qui servait d'apprenti au forgeron.

Celui-ci leur demanda :

— Où vous emmènent-ils, maître ?

— Ils vont me pendre, répliqua le forgeron. Et il lui raconta tout ce qui était arrivé.

— Eh bien, mon oncle, dit le démon, jurez-moi que jamais plus vous ne me frapperez de votre marteau, et qu'à l'avenir vous m'accorderez le même respect qu'avait autrefois pour moi votre père, et non-seulement le seigneur ressuscitera, mais il redeviendra jeune en un instant.

Le forgeron promit et jura que jamais, à l'avenir, il ne lèverait son marteau sur le démon, mais que toujours il le comblerait d'attentions.

De là l'ouvrier se rendit en hâte à la forge, et peu après revint amenant le seigneur avec lui et criant aux serviteurs :

— Arrêtez! arrêtez! ne le pendez pas. Voilà votre maître!

Alors, les serviteurs délièrent immédiatement les cordes et délivrèrent le forgeron.

Depuis lors, le forgeron cessa de cracher à la figure du démon et de le frapper de son marteau. L'ouvrier disparut, et jamais il ne revint. Quant au seigneur et à sa femme, ils recommencèrent une vie heureuse, et s'ils n'étaient pas morts, ils seraient encore vivants.

IVAN-CENDRILLON

Il y avait une fois un vieillard et sa femme; ils avaient trois fils. Deux étaient pleins d'intelligence, mais le troisième, nommé Ivan et surnommé Cendrillon, était imbécile.

Pendant douze années entières, Ivan resta couché dans les cendres du poêle; mais au bout de ce temps, il se leva, et, se secouant, il fit tomber six livres de cendres de dessus son corps.

Or, dans le pays où habitait Ivan, le jour ne se levait jamais, et il faisait toujours nuit. C'était l'œuvre d'un serpent. Bien. — Ivan résolut de tuer ce serpent et dit à son père : — Père, fais-moi une massue pesant cinq livres.

Et quand il fut en possession de la massue, il alla aux champs et la lança tout droit en l'air, puis rentra à la maison. Le lendemain, il partit aux champs et arriva à l'endroit même d'où la veille il avait lancé sa massue; il s'y arrêta et rejeta la tête en arrière. Aussi, quand la massue retomba, le frappa t-elle au front. La massue se brisa en deux.

Ivan rentra chez lui et dit à son père : « Père, fabrique-moi une autre massue, mais de dix livres. » Et quand il l'eut obtenue, il alla aux champs et la lança dans les airs. La massue fendit l'air pendant trois jours et trois nuits. Le quatrième jour, Ivan se rendit au même endroit, et quand la massue retomba, il mit son genou en terre, et la massue se brisa en trois morceaux.

Ivan rentra à la maison et pria son père de lui fabriquer une troisième massue, pesant quinze livres, et quand il l'eut obtenue, il alla aux champs et la lança en l'air, et la massue fendit les airs pendant six jours. Au septième jour, Ivan se rendit au même endroit qu'avant. La massue retomba, et quand elle frappa le front d'Ivan, son front fléchit sous le poids. Alors il dit : — Cette massue est bonne pour le dragon.

Puis, quand il eut tout préparé, il partit avec ses frères pour combattre le dragon. Il marcha, marcha, et arriva enfin devant une hutte aux supports grêles.

Dans cette hutte demeurait le dragon. Là, toute la troupe fit halte. Alors, Ivan suspendit ses gants à un arbre et dit à ses frères : — Si vous voyez le sang dégoutter de mes gants, accourez vite à mon secours.

Ayant dit ces paroles, il entra dans la cabane et s'assit sur le plancher.

Alors s'avança, porté sur un cheval, un dragon à trois têtes. Son coursier trébucha, son chien hurla, son faucon cria. Alors le dragon s'écria :

— Pourquoi as-tu trébuché, ô coursier ! pourquoi as-tu hurlé, ô chien ! pourquoi as-tu crié, ô faucon ?

— Comment ne trébucherais-je pas, répliqua le coursier, quand sur le sol de ta demeure s'est assis Ivan le Cendrillon ?

Alors, le dragon dit : « Avance, petit Ivan ! essayons nos forces l'un contre l'autre. » Ivan s'approcha, et tous deux commencèrent la lutte.

Et Ivan tua le dragon, puis s'assit de nouveau sur le plancher.

Alors arriva un autre dragon, celui-là à six têtes. Ivan le tua comme le premier. Puis vint un troisième dragon qui avait douze têtes. Alors Ivan combattit contre lui et coupa neuf de ses têtes. Le dragon n'avait plus de force.

A ce moment, un corbeau passa en volant et il croassa : « Krof ! krof ! Sang ! sang ! »

Alors, le dragon cria au corbeau : « Vole ! » et dis à ma femme de venir dévorer Ivan le Cendrillon.

Mais Ivan cria : « Vole ! et dis à mes frères de venir me secourir ; puis nous tuerons ce dragon et nous te donnerons sa chair en pâture. »

Et le corbeau prêta l'oreille à ce qu'Ivan lui dit, et il vola vers les frères en croassant au-dessus de leurs têtes. Les frères s'éveillèrent, et quand ils entendirent le cri du corbeau, ils se hâtèrent d'accourir au secours d'Ivan.

Et ils tuèrent le dragon ; puis, ayant pris ses têtes, ils entrèrent dans la hutte et les détruisirent. Et immédiatement tout le pays resplendit de lumière.

Après avoir tué le dragon, Ivan le Cendrillon et ses frères regagnèrent leur demeure. Mais Ivan avait oublié de reprendre ses gants ; il retourna donc sur ses pas pour aller les chercher, en disant à ses frères de l'attendre un peu. Mais quand il eut atteint la hutte et qu'il fut sur le point de reprendre ses gants, il entendit les voix de la femme et des filles du dragon qui causaient entre elles.

Alors, il se changea en chat et commença à miauler en dehors de la porte. Elles le laissèrent entrer, et il écouta tout ce qu'elles disaient. Puis il prit ses gants et s'enfuit.

Aussitôt qu'il eut rattrapé ses frères, il enfourcha son cheval et ils s'enfuirent au plus vite. Ils chevauchèrent, chevauchèrent. Tout à coup, ils virent devant eux une verte prairie, et sur cette prairie étaient posés des coussins de soie.

Alors les frères aînés dirent : « Laissons paître nos chevaux en ce lieu, pendant que nous nous reposerons un peu. »

Mais Ivan répondit : « Attendez une minute, frères » Puis il saisit sa massue et en frappa les coussins. Et de ces coussins jaillit un torrent de sang.

Ils poursuivirent leur route. Ils chevauchèrent, chevauchèrent. Tout à coup se dressa devant eux un pommier, et de ses branches pendaient des pommes d'or et d'argent. Alors, les frères aînés s'écrièrent : « Mangeons chacun une pomme. »

Mais Ivan répondit : « Attendez une minute, frères. Je veux d'abord les éprouver. » Et il prit sa massue et en frappa le pommier. Et de ce pommier jaillit un torrent de sang. Ils allèrent plus loin. Ils chevauchèrent, chevauchèrent et aperçurent une source qui coulait devant eux ; et les frères aînés crièrent : « Buvons un peu d'eau. » Mais Ivan le Cendrillon s'écria : « Arrêtez, frères ! » Et il leva sa massue et frappa la source, et les eaux se changèrent en sang.

Car la prairie, les coussins de soie, le pommier et la source étaient les filles du dragon.

Après qu'il eut tué les filles du dragon, Ivan et ses frères regagnèrent leur demeure. Tout à coup, arriva la femme du dragon, qui volait après eux, et elle ouvrit ses mâchoires si grandes qu'elles allaient de la terre jusqu'au ciel ; et elle essaya d'engloutir Ivan.

Mais Ivan et ses frères jetèrent trois livres de sel dans sa gueule. Elle avala le sel, croyant que c'était Ivan le Cendrillon ; mais ensuite (quand elle eut goûté le sel et qu'elle vit que ce n'était pas Ivan), elle courut de nouveau après lui.

Alors il s'aperçut que le danger était proche et il mit son cheval en liberté. Quant à lui, il se cacha derrière douze portes, dans la forge de Kuzma et de Demian. L'épouse du dragon s'approcha en volant et dit à Kuzma et à Demian : « Livrez-moi Ivan le Cendrillon. »

Mais ceux-ci répondirent :

— Dardez votre langue à travers les douze portes et prenez-le.

Alors, la femme du dragon se mit à lécher les portes. Mais, pendant ce temps, Ivan et ses frères chauffèrent des pinces de fer, et aussitôt que l'épouse du dragon eut envoyé sa langue dans la forge, ils la saisirent et se mirent à la frapper avec leurs lourds marteaux.

Et quand la femme du dragon fut morte, ils la consumèrent par le feu et jetèrent ses cendres aux vents.

Puis ils retournèrent chez eux, et ils vécurent désormais dans la joie et dans les fêtes, en buvant du vin et de l'hydromel.

Là, j'étais aussi avec eux, et ils m'offraient de l'eau-de-vie ; mais en écoutant leurs récits, je ne pouvais la faire parvenir à ma bouche ; elle coulait toujours le long de ma barbe.

LE MONSTRE NORKA

Il y avait une fois un roi et une reine. Ils avaient trois fils ; deux étaient intelligents et le troisième était imbécile.

Or, le roi avait un parc dans lequel étaient quantité d'animaux de différentes espèces. Dans ce parc pénétrait chaque nuit une bête féroce. — Norka était son nom, — et elle s'y livrait à de terribles ravages, dévorant plusieurs animaux chaque fois. Le roi essaya, par tous les moyens en son pouvoir, de la faire périr ; mais ce fut en vain. Tant qu'à la fin, il réunit ses fils et leur dit :

— Celui de vous qui tuera Norka, je lui donnerai la moitié de mon royaume.

Bien. — Le fils aîné se chargea de cette tâche. Aussitôt la nuit venue, il prit ses armes et partit. Mais avant d'atteindre le parc, il entra dans une taverne, où il passa toute la nuit à s'amuser. Quand il revint à lui, il était trop tard, le jour était déjà levé. Il comprit quelle disgrâce l'attendait chez son père ; mais qu'y faire ?

Le lendemain, le second fils vint à son tour et fit comme l'aîné. Leur père leur adressa de violents reproches, et ce fui tout.

Alors, le troisième jour, le plus jeune fils se chargea de l'entreprise.

Ses frères se moquèrent de lui, persuadés qu'il était trop bête pour arriver à rien. Mais il prit ses armes, alla droit au parc et s'assit sur l'herbe, en disposant ses armes de telle sorte que s'il tombait endormi, elles le piquassent et l'éveillassent.

Minuit sonna. La terre commença à trembler : Norka approchait. La bête s'élança contre la barrière du parc et la renversa, tant elle était énorme. Le prince se secoua, sauta sur ses pieds, fit le signe de la croix et marcha droit à la bête. Elle s'enfuit ; mais le prince courut après elle. Le prince s'aperçut bientôt qu'il ne pouvait l'atteindre à pied ; alors il courut à l'écurie, s'empara du meilleur cheval et s'élança à sa poursuite. Alors il atteignit la bête et le combat commença. Ils combattirent, combattirent ; le prince fit à la bête trois blessures. Enfin, tous deux étaient tellement accablés de fatigue qu'ils se couchèrent pour prendre un court repos. Mais au moment où le prince fermait les yeux, la bête se leva et prit la fuite. Le cheval du prince l'éveilla aussitôt. Le prince, sautant sur son dos, s'élança de nouveau à la poursuite de la bête; il l'atteignit et recommença le combat.

Le prince fit encore trois blessures à Norka, puis lui et la bête se couchèrent encore pour se reposer.

Mais la bête prit la fuite comme la première fois.

Le prince la rattrapa et lui fit encore trois blessures; mais tout à coup, comme le prince la chassait pour la quatrième fois, la bête se réfugia près d'une grande pierre blanche, la souleva et s'échappa dans l'autre monde, en criant au prince:

— Tu ne parviendras à me vaincre qu'en y pénétrant à ton tour.

Le prince rentra chez lui, raconta à son père tout ce qui était arrivé, et le pria de lui donner une corde en cuir tressé, assez longue pour atteindre l'autre monde.

Le roi donna l'ordre d'exécuter ce que demandait son fils.

Quand la corde fut terminée, le prince appela ses frères, et tous ensemble ayant pris des serviteurs avec eux et tout ce qui est nécessaire pendant une année entière, partirent pour l'endroit où la bête avait disparu sous la pierre.

Quand ils furent arrivés, ils y élevèrent un palais, où ils demeurèrent quelque temps. Puis quand tout fut prêt, le plus jeune dit aux autres:

— Maintenant, frères, qui de nous soulèvera cette pierre?

Aucun d'eux ne put seulement la bouger; pour lui,

il ne l'eut pas plutôt touchée, qu'elle roula à une grande distance, quoiqu'elle fût haute, haute comme une montagne !

Et quand le prince eut ainsi enlevé la pierre, il dit une deuxième fois à ses frères :

— Qui de nous ira dans l'autre monde dompter Norka ?

Aucun d'eux ne s'offrit. Alors il se moqua d'eux de ce qu'ils étaient aussi lâches, et dit :

— Eh bien, frères, adieu. Descendez-moi dans l'autre monde ; mais ne vous éloignez pas d'ici, et aussitôt que je tirerai la corde, ramenez-la à vous.

Ses frères le descendirent, et quand le prince fut parvenu dans l'autre monde, sous terre, il suivit son chemin. Il marcha et marcha. Alors, il aperçut un cheval richement harnaché, qui lui dit :

— Salut, prince Ivan ! depuis longtemps je t'attendais.

Il monta le cheval et chevaucha, chevaucha jusqu'à ce qu'il vit se dresser devant lui un palais de cuivre.

Il entra dans la cour, attacha son cheval et franchit les portes. Dans l'une des chambres un dîner était servi. Il s'assit et dîna, puis entra dans une chambre à coucher.

Là, il trouva un lit sur lequel il s'étendit pour reposer. Alors, entra une dame plus belle que tout ce qui peut se raconter, même dans une histoire, et elle lui dit :

— Toi qui es dans ma maison, dis-moi ton nom. Si tu es un vieillard, tu seras mon père, si tu es au milieu de la vie, tu seras mon frère ; mais si tu es un jeune homme, tu seras mon époux chéri. Et si tu es une femme et vieille, tu seras ma grand'mère; si tu es au milieu de la vie, tu seras ma mère; mais si tu es une jeune fille, tu seras ma sœur.

Alors, le prince s'avança, et quand elle le vit, elle fut ravie et dit :

— Donc, prince Ivan, tu seras mon époux adoré. Que viens-tu faire ici ?

Alors il lui conta ce qui était arrivé, et elle dit :

— Ce monstre que tu désires vaincre est mon frère. Il est en ce moment chez ma seconde sœur, qui demeure non loin d'ici, dans un palais d'argent. J'ai bandé trois des blessures que tu lui as faites.

Ensuite, ils burent, se réjouirent et tinrent de doux propos. Puis le prince prit congé d'elle, se rendit chez la seconde sœur, celle qui demeurait dans le palais d'argent, et resta aussi quelque temps avec elle.

Elle lui conta que son frère Norka était en ce moment chez la plus jeune sœur. Alors, il se rendit chez cette dernière, qui demeurait dans un palais d'or.

Elle lui conta que son frère était en ce moment endormi sur la mer bleue, et elle lui fit présent d'une épée d'acier et d'un flacon d'eau de la force. Elle lui dit qu'il devait trancher la tête de Norka d'un seul coup. Quand il eut appris toutes ces choses, il partit.

Et quand le prince arriva près de la mer bleue, il vit Norka endormi sur un rocher, au milieu de la mer, et quand il ronflait, l'onde en était agitée à sept verstes à la ronde. Le prince se signa, marcha à lui et lui coupa

5.

la tête avec son épée. La tête roula en disant : « Hé bien, je suis finie maintenant ! » Et elle disparut dans les flots.

Après avoir tué la bête, le prince revint sur ses pas. Sur la route, il enleva l'une après l'autre les trois sœurs, dans l'intention de les ramener avec lui dans le monde supérieur. Car toutes l'aimaient et aucune ne voulait se séparer de lui. Chacune d'elles changea son palais en un œuf, — car elles étaient toutes enchanteresses, — et elles apprirent à leur époux comment on changeait les œufs en palais et réciproquement, et elles lui firent cadeau des œufs. Et tous se rendirent à l'endroit par où on devait les remonter dans le monde d'en haut.

Et quand le prince eut retrouvé la corde, il s'en saisit et l'enroula autour des jeunes filles. Puis il lui donna une forte secousse, et aussitôt ses frères se mirent à la hisser. Quand ils l'eurent hissée, et qu'ils eurent jeté les yeux sur les merveilleuses jeunes filles, ils se retirèrent à l'écart et dirent :

— Redescendons la corde, tirons notre frère à moitié chemin, puis coupons la corde. Sans doute il se tuera ; d'ailleurs, s'il vivait, il ne consentirait jamais à nous donner pour femmes ces merveilleuses beautés.

Quand les frères furent d'accord, ils descendirent la corde. Mais Ivan n'était pas un imbécile, il devina ce qui en était, il attacha la corde à une pierre et lui donna une secousse.

Les frères hissèrent la pierre à une grande hauteur, puis coupèrent la corde.

La pierre tomba et se brisa en morceaux.

Le prince versa force larmes et s'éloigna. Il marcha et marcha. Tout à coup éclate un orage; l'éclair brille, le tonnerre gronde, la pluie tombe à torrents. Le prince se réfugie sous un arbre pour s'y abriter, et sur cet arbre il aperçoit de jeunes oiseaux tout trempés de pluie.

Alors, il enlève son habit, en couvre les petits oiseaux et s'assoit lui-même sous l'arbre.

Aussitôt arrive en volant un oiseau tellement énorme que la lumière en était obscurcie. Déjà il faisait sombre; mais il fit plus sombre encore.

Or c'était la mère des petits oiseaux que le prince avait couverts de son habit. Et quand l'oiseau s'approcha en volant et qu'il vit que ses petits étaient abrités, il s'écria :

— Qui a protégé ainsi mes chéris ? Puis voyant le prince, il ajouta : — Est-ce toi, merci ! En récompense, demande-moi ce que tu désires, je te l'accorderai.

— Eh bien, porte-moi dans l'autre monde, repartit le prince.

— Construis un grand coffre avec une séparation au milieu, répondit l'oiseau; d'un côté tu mettras du gibier de toute espèce, et dans l'autre moitié tu verseras de l'eau; de la sorte, j'aurai de quoi boire et de quoi manger.

Le prince obéit. Alors l'oiseau chargea le coffre sur son dos et le prince monta dessus. L'oiseau prit son vol. Et après avoir volé pendant quelque temps, il conduisit le prince au terme de son voyage, prit congé de lui et s'en retourna.

Pour lui, il se rendit à la maison d'un tailleur et s'y engagea comme serviteur. Il était tellement fatigué, tellement changé, que personne ne se serait douté qu'il était prince.

Étant entré au service de ce maître, le prince lui demanda ce qu'il y avait de nouveau dans le pays. Et son maître répondit :

— Nos deux princes, car le troisième a disparu, ont ramené des épouses de l'autre monde, et ils veulent les épouser. Mais leurs fiancées refusent; car elles insistent pour qu'on leur fasse des vêtements de noce exactement semblables à ceux qu'elles avaient coutume de porter dans l'autre monde, et cela sans qu'on leur prenne mesure.

Le roi a réuni tous les ouvriers qu'il a pu trouver; mais aucun ne veut se charger d'une telle tâche.

En entendant ces mots, le prince dit :

— Maître, va trouver le roi, et dis-lui que tu lui fourniras tout ce qui est de ta profession.

— Comment puis-je entreprendre de faire des vêtements de cette espèce? Je ne travaille que pour des gens du commun, dit son maître.

— Va tout de même, maître; je réponds de tout, dit le prince.

Le tailleur partit donc. Le roi fut enchanté de trouver au moins un bon ouvrier, et lui donna tout l'argent qu'il demanda. Quand le tailleur eut tout réglé, il rentra au logis, et le prince lui dit :

— Or donc, va prier Dieu et couche-toi; demain,

tout sera prêt. Et le tailleur suivit le conseil de son garçon et alla se coucher.

Minuit sonna. Le prince se leva, sortit de la ville pour gagner les champs, tira de sa poche les œufs que les jeunes filles lui avaient donnés, et selon qu'elles le lui avaient enseigné, il les changea en trois palais.

Il entra dans chacun d'eux, prit les robes des jeunes filles, en ressortit, rechangea les palais en œufs et rentra chez lui. Et quand il fut arrivé, il accrocha les robes au mur et alla se coucher.

Le lendemain, de bonne heure, le maître s'éveilla, et miracle ! il aperçut accrochées au mur des robes comme il n'en avait jamais vu, tout étincelantes d'or, d'argent et de pierres précieuses. Il fut enchanté ; il les prit et les porta au roi. Quand les princesses virent que ces vêtements étaient ceux qui leur avaient appartenu dans l'autre monde, elles devinèrent que le prince Ivan était de retour dans celui-ci.

Aussi échangèrent-elles des regards entre elles, tout en gardant le silence.

Et le maître ayant livré ces vêtements, rentra chez lui. Il n'y trouva plus son cher ouvrier ; car le prince s'était rendu chez un cordonnier. Il l'envoya également offrir au roi ses services ; en même temps le prince alla trouver tous les artisans, et tous lui prodiguèrent des remerciments ; car, grâce à lui, tous avaient été comblés de richesses par le roi.

Pendant que l'auguste ouvrier passait ainsi à la ronde chez tous les artisans, les princesses recevaient peu à peu tout ce qu'elles avaient demandé. Les vêtements qu'on leur rapportait étaient bien ceux qu'elles avaient portés dans l'autre monde. Alors, elles pleurèrent amèrement parce que le prince ne se présentait pas. Il leur était impossible de différer plus longtemps, et il devenait nécessaire de se décider au mariage. Mais quand elles furent prêtes pour la cérémonie, la plus jeune fiancée dit au roi :

— Mon père, permettez-moi d'aller faire les aumônes aux mendiants.

Le roi le lui permit, et elle partit et commença à distribuer des aumônes parmi eux, en les examinant de très-près. Et quand elle fut arrivée près de l'un d'eux et qu'elle fut sur le point de lui donner quelque argent, son regard tomba sur l'anneau qu'elle avait donné au prince dans l'autre monde, ainsi que sur les anneaux de ses sœurs; car c'était réellement lui!

Alors, elle le prit par la main, l'emmena au château et dit au roi :

— Voici celui qui nous a ramenées de l'autre monde; ses frères nous avaient défendu de dire qu'il était vivant, menaçant de nous tuer si nous le faisions.

Alors le roi fut saisi de colère contre ses fils et les punit très-sévèrement. Aussitôt après, les trois noces furent célébrées à la fois.

MARIA MOREWNA

Il y avait une fois un prince nommé Ivan. Il avait trois sœurs. La première s'appelait la princesse Marie; la deuxième, la princesse Olga; la troisième, la princesse Anna.

Quand leur père et leur mère furent à l'article de la mort, ils donnèrent à leur fils les instructions suivantes :

— Accorde tes sœurs en mariage aux premiers prétendants qui se présenteront, et ne cherche pas à les retenir près de toi.

Le roi et la reine moururent; le prince célébra leurs funérailles; puis, pour adoucir son chagrin, il alla se promener avec ses sœurs dans les jardins verdoyants du palais. Tout à coup, une nuée noire envahit le ciel; un orage affreux s'éleva.

— Rentrons, mes sœurs! cria-t-il.

A peine avaient-ils mis le pied dans le palais que le tonnerre éclate, que le plafond se fend et que, dans la chambre où ils se trouvaient, arrive en volant un brillant faucon.

Le faucon se posa sur le sol, se changea en un beau jeune homme et dit :

— Salut ! prince Ivan. Je suis venu d'abord comme un hôte ; mais, maintenant, je me présente devant vous comme un prétendant. Je vous prie de m'accorder la main de votre sœur, la princesse Marie.

— Si vous trouvez faveur auprès de ma sœur, je ne m'opposerai pas à ses désirs. Au nom de notre Seigneur Dieu, je vous la donne en mariage.

La princesse Marie consentit. Le faucon l'épousa et l'emmena dans son royaume.

Les jours suivirent les jours, les heures chassèrent les heures ; une année entière se passa. Un jour, le prince Ivan et ses deux sœurs étaient allés se promener dans le vert jardin. De nouveau, s'éleva une nuée orageuse accompagnée d'éclairs et de tourbillons de vent.

— Rentrons, mes sœurs, cria le prince.

A peine étaient-ils entrés dans le palais que le tonnerre éclate, que le plafond resplendit de lumière et qu'il se sépare en deux. Un aigle arrive, les ailes étendues.

L'aigle se pose à terre et se change en un beau jeune homme.

— Salut ! prince Ivan. Je suis venu d'abord comme un hôte ; mais, maintenant, je viens comme un fiancé.

Et il demanda la main de la princesse Olga.

Le prince Ivan répondit :

— Si vous trouvez faveur aux yeux de la princesse Olga, je consens à ce qu'elle vous épouse. Je ne ferai pas obstacle à la liberté de son choix.

La princesse Olga donna son consentement et épousa l'aigle. L'aigle la prit et l'emmena dans son royaume.

Une autre année s'écoula. Le prince Ivan dit à sa plus jeune sœur:

— Allons nous promener dans le vert jardin.

Ils se promenèrent quelque temps. Un nuage orageux apparut sur le ciel, accompagné de tourbillons de vent et d'éclairs.

— Sœur, regagnons le palais, dit-il.

Ils rentrèrent et n'avaient pas encore eu le temps de s'asseoir, que le tonnerre gronda, que le plafond s'entr'ouvrit et qu'un corbeau entra les ailes éployées.

Le corbeau se posa sur le plancher et se changea en un beau jeune homme. Les premiers jeunes gens étaient bien beaux; mais celui-ci était encore plus beau.

— C'est bien, prince Ivan! Je suis venu d'abord comme un hôte; mais, maintenant, je me présente comme un prétendant. Donnez-moi la main de la princesse Anna.

— Je ne m'opposerai pas à la liberté de ma sœur. Si vous gagnez son affection, qu'elle vous épouse.

Ainsi la princesse Anna épousa le corbeau, et il l'emmena dans son royaume. Le prince Ivan resta seul.

Il vécut toute une année sans ses sœurs. Alors, il devint soucieux et dit:

— J'irai à la recherche de mes sœurs.

Il s'apprêta pour le voyage. Il marcha, marcha, et un jour il aperçut toute une armée couchée dans la plaine. Il cria tout haut :

— S'il y a encore un homme vivant parmi vous, qu'il me réponde ! Qui a détruit cette armée puissante ?

Alors, un survivant lui répliqua :

— Cette puissante armée a été détruite par la belle princesse Maria Morewna !

Le prince Ivan chevaucha plus loin et arriva à une tente blanche. De cette tente, vint à sa rencontre la belle princesse Maria Morewna.

— Salut ! prince, dit-elle ; c'est Dieu qui vous envoie. Venez-vous ici de votre libre consentement ou contre votre volonté ?

Le prince Ivan répondit :

— Les braves n'ont pas coutume de chevaucher contre leur volonté.

— Très-bien ! Si vous n'êtes pas pressé, prince, reposez-vous un peu sous ma tente.

Le prince Ivan accepta avec joie. Il passa deux nuits dans la tente ; il trouva grâce aux yeux de Maria Morewna, et il l'épousa. La belle princesse Maria Morewna l'emmena dans son royaume.

Ils passèrent quelque temps ensemble ; puis la princesse se mit en tête d'aller à la guerre. Alors, elle confia toutes les affaires du royaume au prince Ivan et lui donna les instructions suivantes :

— Tu peux aller partout, tu peux tout examiner ; seulement, ne t'aventure pas à regarder dans ce cabinet.

Il ne put pourtant s'en empêcher. A peine Maria Morewna était-elle partie qu'il courut vers le cabinet, poussa la porte et regarda. Là était attaché, par douze chaînes, Koschéi l'Immortel. Alors Koschéi dit au prince Ivan :

— Ayez pitié de moi et donnez-moi à boire ! Depuis dix ans je suis au supplice, sans boire ni manger ; ma gorge est toute sèche.

Le prince lui donna un baquet d'eau ; Koschéi l'avala et en demanda encore en disant :

— Un simple baquet d'eau ne suffit pas pour étancher ma soif. Donnez-moi encore à boire.

Le prince lui donna un deuxième baquet. Koschéi l'avala et en demanda un troisième ; mais quand il eut englouti le troisième baquet, il recouvra sa force première, donna une secousse à ses chaînes et les brisa toutes les douze d'un seul coup.

— Merci ! prince Ivan, cria Koschéi l'Immortel. Maintenant, tes yeux verront plutôt tes oreilles que Maria Morewna. Et il s'enfuit par la fenêtre, sous la forme d'un tourbillon terrible, et il se présenta devant la belle princesse Maria Morewna comme elle suivait sa route ; il s'en empara et l'emporta chez lui.

Quant au prince Ivan, il pleura toutes les larmes de son corps et se disposa à partir, se disant à lui-même :

— Quoi qu'il arrive, il faut que je retrouve Maria Morewna.

Un jour se passe, un autre jour encore. A l'aurore du troisième, il aperçut un merveilleux palais, et près de ce palais s'élevait un chêne, et sur le chêne était perché un brillant faucon. A sa vue, le faucon descendit du haut du chêne, se posa sur la terre, se changea en un beau jeune homme et cria tout haut :

— Ah ! cher beau-frère, conte-nous les événements que le Seigneur t'a envoyés ?

Alors, la princesse Marie arriva tout courant, accueillit joyeusement son frère Ivan, lui demanda des nouvelles de sa santé et lui raconta tout ce qui était arrivé. Le prince passa trois jours avec eux, puis il dit :

— Je ne saurais demeurer davantage avec vous ; il faut que j'aille à la recherche de ma femme, la princesse Maria Morewna.

— Il te sera difficile de la découvrir, dit le faucon. En tous cas, laisse-nous ta cuillère d'argent ; en la regardant, nous nous souviendrons de toi.

Alors, le prince Ivan laissa sa cuillère d'argent au faucon et reprit sa route.

Il marcha un jour, il marcha un autre jour, et à l'aurore du troisième jour, il aperçut un palais encore plus grand que le premier, et près du palais s'élevait un chêne, et sur le chêne était perché un aigle. A sa vue, l'aigle s'élança du chêne, descendit sur le sol, se changea en un beau jeune homme et cria tout haut :

— Lève-toi, princesse Olga, voici venir notre cher frère !

Aussitôt la princesse Olga courut à la rencontre de son frère et commença à le baiser et à l'embrasser, s'enquérant de sa santé et lui racontant toutes ses aventures. Le prince Ivan s'arrêta chez eux trois jours; alors il dit :

— Je ne puis rester ici plus longtemps. Je suis à la recherche de ma femme, la belle princesse Maria Morewna.

— Il te sera difficile de la découvrir, répliqua l'aigle. Laisse-nous ta fourchette d'argent; en la regardant, nous nous souviendrons de toi.

Le prince laissa à l'aigle une fourchette d'argent et poursuivit son chemin. Il voyagea un jour, il voyagea deux jours; le troisième, au lever du soleil, il aperçut un palais plus grand que les deux premiers, et près du palais s'élevait un chêne, et sur la première branche était perché un corbeau. Le corbeau s'élança du haut du chêne, se posa à terre, se changea en un beau jeune homme et cria tout haut :

— Viens vite, princesse Anna; voici ton frère qui arrive.

La princesse Anna accourut, reçut le prince avec joie, commença à le baiser et à l'embrasser, lui demanda des nouvelles de sa santé et lui raconta ses aventures.

Le prince Ivan passa trois jours chez eux, puis il dit:

— Adieu! je vais chercher ma femme, la belle princesse Maria Morewna.

— Il te sera difficile de la découvrir, répondit le corbeau. Laisse-nous d'ailleurs ta tabatière d'argent; en la regardant, nous nous souviendrons de toi.

Le prince leur donna sa tabatière d'argent, prit congé d'eux et suivit sa route. Un jour il marcha, un autre jour encore, et le troisième il approcha du lieu où était Maria Morewna. Elle aperçut son mari, lui jeta les bras autour du cou, fondit en larmes, et s'écria :

— O prince Ivan, pourquoi m'as-tu désobéi ? pourquoi as-tu regardé dans le cabinet et laissé sortir Koschéi l'Immortel ?

— Pardonne-moi, Maria Morewna ; ne rappelle pas le passé, mais plutôt fuis avec moi, pendant que Koschéi l'Immortel ne peut nous apercevoir. Peut-être il ne nous atteindra pas.

Alors ils se tinrent prêts et s'enfuirent. Or Koschéi était à la chasse. Vers le soir, il regagnait son palais, quand son bon coursier trébucha sous lui.

— Qu'as-tu donc à trébucher, triste rosse ? flaires-tu quelque malheur ?

Le coursier répliqua :

— Le prince Ivan est venu et a emmené Maria Morewna.

— Est-il possible de les atteindre ?

— Il est possible de semer du froment, d'attendre qu'il ait poussé, de le moissonner, de le battre en grange, de le réduire en farine, d'en faire cinq gâteaux, de manger ces gâteaux et ensuite de s'élancer à leur poursuite ; et même alors il sera encore possible d'arriver à temps.

Koschéi galopa et rattrapa le prince Ivan.

— Or, dit-il, cette fois, je te pardonne en récompense de ta bonté de m'avoir donné de l'eau à boire, et une deuxième fois je te pardonnerai encore ; mais une troisième fois, prends garde, je te couperai en morceaux.

Alors, il lui arracha Maria Morewna et l'entraîna. Quant au prince Ivan, il s'assit sur une pierre et fondit en larmes. Il pleura, pleura, puis revint près de Maria Morewna.

Or Koschéi l'Immortel n'était pas dans son palais.

— Fuyons vite, Maria Morewna!
— Ah! prince Ivan, il nous rattrapera.
— Eh bien, s'il nous rattrape, nous aurons toujours passé ensemble une heure ou deux. Puis ils s'enfuirent. Comme Koschéi l'Immortel regagnait sa demeure, son bon coursier fléchit sous lui.

— Qu'as-tu donc à trébucher, triste bête? flaires-tu quelque malheur?
— Le prince Ivan est venu et a emmené Maria Morewna.
— Est-il possible de les atteindre?
— Il est possible de semer de l'orge, d'attendre qu'elle ait poussé, de la moissonner, de la battre en grange, d'en brasser de la bière, d'en boire jusqu'à l'ivresse, de dormir tout notre content, et alors de partir à leur poursuite; et nous serons encore à temps.

Koschéi lança son cheval au galop et rattrapa le prince Ivan.

— Ne t'ai-je donc pas dit que tu ne verrais pas plus Maria Morewna que tes propres oreilles? Et il la prit et la ramena chez lui.

Le prince resta seul. Il pleura et pleura; mais il revint encore auprès de Maria Morewna. Koschéi, d'aventure, était loin de son palais à ce moment.

— Fuyons, Maria Morewna!

— Ah! prince Ivan! il nous rattrapera sûrement et te mettra en pièces.

— Qu'il me mette en pièces! je ne saurais vivre sans toi.

Puis ils s'enfuirent. Koschéi l'Immortel regagnait sa demeure, quand son bon coursier fléchit sous lui.

— Qu'as-tu donc à fléchir? flaires-tu quelque malheur?

— Le prince Ivan est venu et a emmené Maria Morewna.

Koschéi lança son cheval au galop, saisit le prince Ivan et le coupa en petits morceaux. Il mit ces morceaux dans un baril, qu'il enduisit de poix et qu'il lia avec des cercles de fer; ensuite il jeta le baril dans la mer bleue. Puis il emmena à son palais Maria Morewna.

A ce moment même, l'argent que le prince Ivan avait laissé à ses beaux-frères devint noir tout à coup.

— Ah! dirent-ils, assurément, le malheur est consommé.

Alors, l'aigle se précipita vers la mer bleue, ressaisit le baril et le traîna vers le rivage; le faucon vola en portant l'eau de la vie, et le corbeau l'eau de la mort.

Quand tous furent réunis, ils brisèrent le baril, retirèrent les restes du prince Ivan, les baignèrent et les mirent l'un à côté de l'autre, chacun à sa place. Le corbeau les arrosa avec l'eau de la mort; les morceaux se rejoignirent, le corps redevint entier. Le faucon l'arrosa avec l'eau de la vie; le prince Ivan eut un long frémissement, se dressa et dit :

— Ah! comme j'ai dormi longtemps!

— Tu aurais dormi plus longtemps encore, sans nous, répliquèrent ses beaux-frères. Maintenant, viens nous rendre visite.

— Non, frères, il faut que j'aille retrouver Maria Morewna.

Et quand il eut retrouvé sa bien-aimée, il lui dit :

— Aie l'adresse de savoir de Koschéi l'Immortel d'où il a tiré un si bon coursier.

Alors Maria Morewna choisit un moment favorable et questionna Koschéi à ce sujet. Koschéi répliqua :

— Par delà trois fois neuf pays, dans le trentième royaume, sur l'autre bord de la terrible rivière, demeure Baba Yaga. Elle a une si bonne jument qu'elle accomplit avec elle le tour du monde chaque jour. Et elle a beaucoup d'autres juments aussi magnifiques. J'ai gardé les troupeaux de Baba Yaga pendant trois jours sans perdre une seule jument, et en récompense elle m'a donné un poulain.

— Mais comment avez-vous pu traverser la rivière terrible?

— J'avais un mouchoir comme celui-ci. Quand je l'agite trois fois de la main droite, alors s'élève un pont très-élevé que le feu ne peut consumer. Maria Morewna écouta tout cela, le répéta au prince Ivan, s'empara du mouchoir et le lui donna.

Alors, le prince se disposa à traverser la rivière terrible pour arriver chez la Baba Yaga. Longtemps il marcha sans trouver rien à boire et à manger; enfin, il vint à rencontrer un oiseau d'outre-mer et ses petits.

— Je mangerais bien un de ces petits, se dit-il.

— Ne le mange pas, prince Ivan, supplia l'oiseau; un jour ou l'autre, je te rendrai service.

Il alla plus loin et vit une ruche d'abeilles dans la forêt.

— Je mangerais bien un peu de ce miel, dit-il.

— Ne gâte pas mon miel, ô prince Ivan, s'écria la reine abeille; un jour ou l'autre, je t'en récompenserai.

Il n'y toucha pas et poursuivit son chemin. Alors il rencontra une lionne avec son lionceau.

— Je mangerais volontiers ce lionceau, dit-il; j'ai tellement faim! je suis à bout de forces!

— Je t'en prie, ô prince Ivan, supplia la lionne; laisse-nous fuir; quelque jour, je t'en récompenserai.

— Très-bien! suivez votre chemin, dit-il.

Quoique affaibli et affamé, il continua son chemin. Il marcha, marcha plus loin, toujours plus loin. Enfin, il atteignit la demeure de la Baba Yaga.

Autour de la maison étaient plantés douze pieux rangés en cercle, et sur onze de ces pieux était fixée une tête humaine. Le douzième seul ne supportait pas ce lugubre fardeau.

— Salut, grand'mère!

— Salut, prince Ivan! pourquoi viens-tu ici? Est-ce de ton plein gré, ou t'y a-t-on forcé?

— Je viens te demander un coursier héroïque.

— J'y consens, prince. Tu n'auras pas besoin de me servir toute une année, mais seulement trois jours. Si tu prends bien soin de mes juments, je te donnerai un coursier héroïque ; mais si tu ne le fais pas, ne t'étonne pas si je fais planter ta tête sur le dernier pieu que tu vois ici.

Le prince accepta ces conditions. La Baba Yaga lui donna à boire et à manger et lui ordonna de se mettre à la besogne. Mais quand il eut mené aux champs les juments, elles levèrent leurs queues, et elles s'enfuirent à travers les prairies, dans toutes les directions. Le prince n'eut pas seulement le temps de jeter les yeux autour de lui qu'elles étaient déjà hors de vue.

Alors, il commença à pleurer et à se tourmenter ; puis il s'assit sur une pierre et s'endormit. Mais quand le soleil fut près de se coucher, l'oiseau d'outre-mer arriva près de lui et l'éveilla, disant :

— Prince Ivan, lève-toi ! les juments sont rentrées maintenant.

Le prince se leva et regagna le logis. Il y trouva la Baba Yaga en fureur et pestant contre ses juments. Elle leur criait :

— Pourquoi êtes-vous rentrées ?

— Comment aurions-nous pu ne pas regagner notre demeure ? De toutes les parties du monde sont accourus des oiseaux et tous nous becquetaient les yeux.

— Bien ! bien ! — Demain ne galopez plus par les prairies, mais dispersez-vous dans les forêts épaisses.

Le prince Ivan dormit toute la nuit. Au matin, la Baba Yaga lui dit :

— Prince, souviens-toi! Si tu ne prends pas soin de mes juments, si seulement tu en égares une, ta tête hardie sera plantée sur ce poteau.

Il mena les bêtes aux champs. Aussitôt, elles levèrent la queue et se dispersèrent dans les forêts épaisses. Derechef, le prince s'assit sur la pierre, pleura, pleura, puis succomba au sommeil. Le soleil se cacha derrière la forêt. La lionne arriva courant.

— Debout, prince Ivan! toutes les juments sont rassemblées. Le prince se leva et rentra à la maison. Plus fort que la veille, la Baba Yaga tonnait contre les juments et criait :

— Pourquoi êtes-vous rentrées?

— Comment aurions-nous pu ne pas revenir? Des bêtes de proie se sont élancées sur nous de toutes les parties du monde. Elles voulaient toutes nous mettre en pièces.

— Bien! — Demain, vous vous précipiterez dans la mer bleue.

Le prince dormit encore toute la nuit. Le lendemain matin, la Baba Yaga lui dit :

— Si tu ne prends pas bien soin d'elles, dit-elle, ta tête audacieuse sera plantée sur ce poteau.

Il mena les juments aux champs. Aussitôt, elles levèrent la queue, disparurent de la vue, et se précipitèrent dans la mer bleue. Là, elles s'arrêtèrent, plongées dans l'eau jusqu'au cou. Le prince Ivan s'assit sur la pierre, pleura et tomba endormi. Mais quand le soleil eut disparu derrière la forêt, une abeille s'approcha en volant et dit :

— Debout, prince! toutes les juments sont rassemblées. Mais quand tu seras de retour, ne laisse pas la Baba Yaga jeter les yeux sur toi, mais va à l'écurie et cache-toi derrière les mangeoires. Là, tu trouveras un pauvre poulain se roulant dans le fumier; selle-le, et à la tombée de la nuit, monte dessus et fuis loin de la maison.

Le prince se leva, entra dans l'écurie et se coucha derrière les mangeoires, pendant que la Baba Yaga tonnait contre ses juments, en criant :

— Pourquoi êtes-vous encore revenues?

— Comment aurions-nous pu faire autrement? De toutes les parties du monde, d'innombrables essaims d'abeilles ont fondu sur nous et nous ont piquées de tous côtés jusqu'au sang.

La Baba Yaga alla se coucher. A la tombée de la nuit, le prince Ivan prit le pauvre poulain, le sella, sauta sur son dos et galopa jusqu'à la farouche rivière. Quand il fut près de la rivière, il agita trois fois son mouchoir de la main droite, et tout à coup, Dieu sait d'où, un pont magnifique s'élança d'une rive à l'autre. Le prince traversa le pont et agita deux fois seulement le mouchoir de la main gauche; il ne resta plus au-dessus de la rivière qu'un pont étroit, étroit!

Quand la Baba Yaga se leva le matin, elle ne vit plus le chétif poulain! Elle s'élança à sa poursuite,

Eu toute hâte, elle vola dans son mortier de fer, qu'elle pressait de son pilon, en effaçant ses traces avec un balai. Elle atteignit la farouche rivière, regarda et dit : « Quel beau pont! » Puis elle s'élança sur le pont; mais elle avait à peine fait la moitié du chemin, que le pont se brisa en deux et que la Baba Yaga tomba dans la rivière! Là, elle trouva vraiment une mort cruelle.

Le prince Ivan engraissa le poulain dans les vertes prairies, et celui-ci devint un merveilleux coursier. Alors, il vola au lieu où était Maria Morewna. Elle courut au-devant de lui et se pendit à son cou, en criant :

— Par quels moyens Dieu t'a-t-il rendu à la vie?

— De telle manière, dit-il; et il lui raconta ses aventures. — Maintenant, viens avec moi.

— J'ai peur, prince Ivan! Si Koschéi nous rattrape, tu seras de nouveau mis en pièces.

— Non, il ne nous atteindra pas, car j'ai un coursier héroïque; il vole comme l'oiseau. Alors ils sautèrent sur son dos et s'enfuirent.

Koschéi l'Immortel revenait à son palais, quand son cheval trébucha sous lui.

— Qu'as-tu à broncher, triste rosse? flaires-tu quelque malheur?

— Le prince Ivan est revenu et a emmené Maria Morewna.

— Pouvons-nous les atteindre?

— Dieu le sait! le prince Ivan a un cheval meilleur que moi!

— Bien. — Je ne saurais rester ici, dit Koschéi l'Immortel. Je le poursuivrai.

Après quelque temps, il atteignit le prince Ivan ; celui-ci s'était couché par terre, et Koschéi se disposait à le percer de son épée affilée. Mais à ce moment, le cheval du prince lança une affreuse ruade à Koschéi l'Immortel et lui brisa le crâne. Le prince l'acheva avec une massue ; ensuite il rassembla une pile de bois, y mit le feu et brûla sur le bûcher Koschéi l'Immortel, dont il jeta les cendres au vent.

Alors, Maria Morewna monta le cheval de Koschéi et le prince Ivan le sien.

Ils rendirent d'abord visite au corbeau, puis à l'aigle, enfin au faucon. Partout où ils allèrent, ils reçurent un joyeux accueil.

— Ah ! prince Ivan, nous ne pensions plus vous revoir. Mais ce n'est pas inutilement que vous vous êtes donné tant de mal. Une beauté telle que Maria Morewna mérite d'être cherchée par tout l'univers ; et encore ne l'y trouverait-on pas !

Ainsi ils firent leurs visites, ainsi ils furent fêtés. Ensuite, ils retournèrent dans leur propre royaume.

KOSCHÉI L'IMMORTEL

Il y avait autrefois un roi qui avait trois fils; tous trois avaient atteint l'âge d'homme. Un jour, Koschéi l'Immortel enleva leur mère. Alors, le fils aîné demanda à son père sa bénédiction afin d'aller à la recherche de sa mère.

Son père lui donna sa bénédiction, il partit et disparut sans laisser de trace. Le second fils attendit, attendit, puis il obtint aussi la bénédiction de son père; mais lui aussi disparut.

Alors, le plus jeune fils, le prince Ivan, dit à son père : « Père, donne-moi ta bénédiction, que j'aille à la recherche de notre mère. »

Mais son père ne voulait pas le laisser partir et disait : — Tes frères ne sont plus! Si tu pars aussi, je mourrai de chagrin.

— Non, mon père, il n'en sera pas ainsi. Mais si tu me bénis, j'irai; et si tu ne veux pas me donner ta bénédiction, j'irai encore.

Alors, son père lui donna sa bénédiction.

Le prince Ivan alla choisir un coursier; mais tous ceux qu'il montait fléchissaient sous son poids. N'ayant pu trouver un cheval assez vigoureux, il errait le long du chemin, en dehors de la ville, la tête baissée. Tout à coup lui apparut une vieille femme, qui lui demanda:

— Pourquoi, prince Ivan, marches-tu la tête ainsi baissée?

— Va-t'en, vieille sorcière, cria-t-il; si je te mettais sur une de mes mains et que je te donnasse une claque avec l'autre, il ne resterait de toi qu'un peu d'humidité, et ce serait tout.

La vieille courut dans une rue écartée, vint à sa rencontre une deuxième fois et dit:

— Bonjour, prince Ivan! Pourquoi portes-tu la tête si bas?

Alors il se dit: Pourquoi cette femme me questionne-t-elle ainsi? Peut-être elle peut m'être utile, et il répliqua:

— Eh bien, mère, c'est parce que je ne peux me procurer un bon coursier.

— Pourquoi, s'écria-t-elle, es-tu assez sot pour aimer mieux souffrir que de demander l'aide d'une vieille femme? Viens avec moi.

Elle le mena à une colline, lui désigna une place et dit:

— Creuse la terre.

Le prince Ivan creusa la terre et découvrit une porte de fer fermée de douze cadenas. Il brisa aussitôt les cadenas, enfonça une autre porte et suivit un sentier souterrain. Là, lié de douze chaînes, se trouvait un coursier héroïque, qui devina aussitôt, au bruit de ses pas, qu'un cavalier digne de le monter venait vers lui. Il se mit donc à lutter et à hennir jusqu'à ce qu'il eut brisé ses douze chaînes. Alors, le prince Ivan revêtit une armure digne d'un héros, brida le cheval et le sella d'une selle circassienne.

Et il donna de l'argent à la vieille femme, et il lui dit :

— Pardonne-moi, mère, et bénis-moi.

Puis il enfourcha son coursier et partit.

Longtemps il chevaucha ; enfin, il atteignit une montagne, une très-haute montagne, si rapide, qu'il était impossible de la gravir. Alors, ses frères vinrent à lui ; tous se réjouirent et chevauchèrent de compagnie. Ils arrivèrent enfin près d'un rocher de fer pesant cent cinquante livres et qui portait cette inscription :

« Celui qui roulera ce roc contre la montagne, je
» lui ouvrirai le chemin. »

Les deux frères aînés ne purent soulever le rocher ; mais le prince Ivan, du premier coup, le lança contre la montagne, et aussitôt lui apparut une échelle longeant le flanc de la montagne.

Le prince Ivan mit pied à terre, versa quelques gouttes du sang de son petit doigt dans un verre, le donna à ses frères et dit : « Si le sang qui est dans ce verre devient noir, ne restez pas ici plus longtemps ; cela signifiera que je suis près de mourir. »

Puis il prit congé d'eux et suivit son chemin.

Il monta la colline. Que n'y vit-il pas ? Là étaient toutes sortes d'arbres, toutes sortes de fruits, toutes sortes d'oiseaux.

Longtemps le prince Ivan marcha; enfin, il atteignit une maison, une immense maison ! La fille d'un roi y demeurait; elle avait été enlevée par Koschéi l'Immortel. Le prince Ivan fit le tour de la clôture, mais sans découvrir de porte. La fille du roi voyant quelqu'un, vint au balcon, l'appela tout haut et lui dit : « Il y a dans la clôture une fente; touchez-la de votre petit doigt, elle se changera en une porte. »

Ce qu'elle dit se vérifia. Le prince Ivan entra dans la maison ; la damoiselle le reçut amicalement, lui donna à boire et à manger et le questionna. Il lui raconta comment il venait pour délivrer sa mère des mains de Koschéi l'Immortel. Alors, la damoiselle lui dit : « Il vous sera difficile, prince Ivan, d'atteindre le lieu où est votre mère. Vous le savez, Koschéi n'est pas mortel et vous tuera. Souvent il vient ici me voir; voici son épée, qui pèse cinquante livres; pouvez-vous seulement la soulever ? Si vous le pouvez, tentez de rejoindre votre mère. »

Non-seulement le prince Ivan souleva l'épée, mais il la brandit dans l'air; aussi reprit-il sa route.

Plus loin, il aperçut un second palais. Il savait maintenant trouver la porte et il pénétra dans la maison. Sa mère y était enfermée. Tous d'eux s'embrassèrent en pleurant.

Là aussi il essaya sa force en soulevant un fardeau qui pesait quelque quinze cents livres. Le temps arriva où Koschéi l'Immortel devait venir. La mère fit cacher son fils.

Soudain, Koschéi l'Immortel entra en criant :

— Hum ! hum ! un Russe n'a pas coutume d'entendre avec les oreilles d'un autre ni de voir avec les yeux d'un autre ; et pourtant un Russe est entré dans cette maison. Qui était avec vous ? N'était-ce pas votre fils ?

— Que contez-vous là ? Dieu vous bénisse ! vous avez traversé la Russie et vos narines ont conservé de l'air russe ; c'est ce qui vous fait croire qu'il y en a ici, répondit la mère du prince Ivan.

Puis elle s'approcha de Koschéi, lui parla en termes affectueux, lui fit diverses questions, et enfin lui dit :

— Où est votre mort, ô Koschéi ?

— Ma mort, répliqua-t-il, est dans tel lieu. Là s'élève un chêne, et sous le chêne est une cassette, dans la cassette est un lièvre, dans le lièvre est un canard, dans le canard est un œuf, et dans l'œuf est ma mort.

Ayant ainsi parlé, Koschéi l'Immortel ne resta pas plus longtemps et s'en alla.

Le moment vint où le prince Ivan reçut la bénédiction de sa mère et partit à la recherche de la mort de Koschéi. Il marcha longtemps sans boire ni manger. A la fin, il éprouva une faim mortelle et pensa : Si seulement quelque chose venait dans mon chemin ! Soudain, il aperçut un jeune loup et il allait le tuer, lorsque d'un trou s'élança la mère louve, qui lui dit :

— Ne fais pas de mal à mon petit ! je te rendrai service.

Très-bien ! — Le prince Ivan laissa aller le jeune loup. Il poursuivit sa route et vit une corneille. Arrêtons-nous un peu, pensa-t-il ; voici quelque chose à mettre sous ma dent ! Il chargea son fusil et allait tirer quand la corneille s'écria : « Ne me fais pas de mal, je t'en récompenserai. »

Le prince Ivan y consentit et épargna la corneille. Puis il alla plus loin et atteignit la mer. Il s'arrêta sur le rivage ; à ce moment, un jeune brochet sauta tout à coup hors de l'eau et tomba sur la grève. Il s'en saisit et pensa (car il était à moitié mort de faim) : J'ai enfin quelque chose à manger. Soudain, il aperçut un brochet qui lui dit :

— Ne fais pas de mal à mon petit, ô prince Ivan ! je t'en récompenserai.

Et il épargna aussi le petit brochet.

— Mais comment s'y prendre pour traverser la mer ? Il s'assit sur la plage et réfléchit. Quant au brochet, il savait bien à quoi songeait le prince ; aussi, pour lui suggérer l'idée de ce qu'il fallait faire, il se mit à nager sur la surface de la mer. Le prince comprit. Il monta sur le dos du brochet comme sur un pont, et traversa la mer.

Il suivit alors sa route et arriva enfin près du chêne sous lequel il devait trouver la mort de Koschéi. Il déterra la cassette et l'ouvrit. Le lièvre en sortit et s'enfuit au loin. Comment rattraper le lièvre ?

Le prince Ivan eut une peur affreuse d'avoir laissé échapper le lièvre, et s'abandonna à ses tristes pensées. Mais le loup, qu'il avait épargné, courut après le lièvre, le saisit et le rapporta au prince Ivan. Le cœur plein de joie, le prince prit le lièvre et lui ouvrit les entrailles. Mais quelle frayeur ! Brusquement en sortit le canard, qui s'envola à tire-d'aile.

Le prince fit feu sur lui ; mais aucun plomb ne porta. Alors il se livra de nouveau à ses pensées. Soudain, il aperçut la corneille et ses petits ; ils volèrent après le canard, s'en emparèrent et le rapportèrent au prince. Le prince fut bien joyeux et se saisit de l'œuf, puis il poursuivit sa route. Et quand il fut arrivé près de la mer, il se mit à laver l'œuf. Tout à coup, l'œuf lui échappa et tomba dans l'eau.

Comment le retirer de l'eau, à une si insondable profondeur ? Le prince se livra de nouveau au désespoir.

Tout à coup, la mer s'agita violemment et le brochet lui apporta l'œuf. De nouveau, il s'étendit tout de son long sur la mer, et le prince Ivan monta sur son dos et gagna ainsi l'autre rive ; puis il repartit à la recherche de sa mère.

Lorsqu'il l'eut rejointe, ils se comblèrent de tendresses. Elle dut le cacher comme la première fois, car Koschéi l'Immortel entra tout à coup et dit :

— Hum ! hum ! les Russes n'ont pas coutume d'entendre avec l'oreille d'un autre, ni de voir par un autre œil que le leur, et pourtant il y a ici comme une odeur de Russie !

— Que dites-vous là, Koschéi? Il n'y a personne avec moi, répondit la mère du prince Ivan.

Une seconde fois, Koschéi parla et dit : « Je ne suis pas bien. » Alors le prince Ivan se mit à secouer l'œuf, et Koschéi l'Immortel se courba en deux. Enfin, le prince Ivan sortit de sa cachette, leva l'œuf en l'air et dit : « O Koschéi l'Immortel, je tiens votre mort ! »

Alors Koschéi tomba à genoux devant lui, disant :

— Ne me tue pas, prince Ivan! Soyons amis, et le monde entier sera à nos pieds.

Mais ces paroles ne touchèrent pas le prince Ivan. Il brisa l'œuf et Koschéi l'Immortel rendit le dernier soupir.

Ivan et sa mère prirent tout ce qui leur était nécessaire et s'en retournèrent dans leur royaume.

Sur leur chemin, ils arrivèrent au château fort où était enfermée la fille du roi, que Ivan avait vue à son premier voyage, et ils l'emmenèrent aussi. Ils allèrent plus loin et arrivèrent à la montagne, où les frères d'Ivan l'attendaient toujours. Alors la jeune fille lui dit : « Prince Ivan, ramène-moi à ma demeure, j'y ai oublié une robe de mariage, un anneau de diamant et une paire de souliers sans coutures. »

Il y consentit ; mais, pendant ce temps, il laissa sa mère descendre l'échelle, aussi bien que la princesse, qu'il était convenu d'épouser dès qu'ils seraient de retour. Elles furent reçues par ses frères; mais ceux-ci, saisis d'envie, se mirent à couper l'échelle, afin que leur frère ne pût pas redescendre, et ils firent de telles menaces à leur mère et à la princesse, qu'elles leur promirent de ne pas dire un mot du prince Ivan, quand ils seraient arrivés au palais du roi leur père.

Après quelque temps, ils atteignirent tous leur pays natal. Leur père fut ravi de revoir sa femme et ses deux fils; mais, pourtant, il fut bien chagrin de ne pas revoir aussi son troisième fils, le prince Ivan.

Qnant à celui-ci, il revint à la demeure de la princesse, prit le vêtement de noces, l'anneau et les souliers sans coutures. Puis il regagna la montagne et passa l'anneau d'une main à l'autre. Aussitôt, douze jeunes gens lui apparurent et lui dirent :

— Quels sont vos ordres?

— Descendez-moi de cette montagne.

Les jeunes gens le descendirent en un instant. Le prince Ivan remit l'anneau à son doigt. Ils disparurent.

Alors il continua son chemin vers son pays et arriva dans la ville où habitaient son père et ses frères.

Il alla prendre ses quartiers d'hiver chez une vieille femme, et il lui demanda:

— Mère, quelles nouvelles dans le pays ?

— Quelles nouvelles, mon garçon ? Vous savez que notre reine était tenue en prison par Koschéi l'Immortel. Ses trois fils partirent à sa recherche; deux d'entre eux la découvrirent et sont revenus. Mais le troisième, le prince Ivan, a disparu et personne ne sait ce qu'il est devenu. Le roi en est très-malheureux. Et ces deux princes et leur mère ont ramené avec eux certaine princesse; le fils aîné désire l'épouser; mais elle a déclaré qu'il devait auparavant lui rapporter son anneau de fiançailles ou en faire faire un tout semblable. Mais, quoiqu'ils aient fait une proclamation publique à ce sujet, on n'a pu trouver personne capable de se charger de cette tâche.

— C'est bien, mère, allez dire au roi que vous lui ferez cet anneau. Je le fabriquerai pour vous, dit le prince Ivan.

Alors la vieille s'habilla immédiatement, se rendit en hâte chez le roi et dit :

— S'il plaît à Votre Majesté, je me charge de faire l'anneau de fiançailles.

— Fais-le, fais-le, la mère. Des gens comme toi sont les bienvenus, dit le roi. Mais si tu ne le fais pas, il y va de ta tête.

La vieille eut terriblement peur. Elle courut chez elle et dit au prince de se mettre à l'ouvrage pour faire l'anneau. Mais Ivan alla se coucher, se mettant fort peu en peine de l'affaire. D'ailleurs, il avait l'anneau en sa possession ; aussi se mit-il à rire de la vieille, qui tremblait de tous ses membres et criait, en le grondant :

— Pour vous, vous êtes hors d'embarras ; mais vous m'y avez mise, folle que j'étais !

La vieille cria, cria tant qu'elle tomba endormie. De bonne heure, le matin, le prince Ivan se leva et l'éveilla, disant :

— Levez-vous, la mère, et partez. Voici l'anneau, et quand vous le leur remettrez, souvenez-vous de ne pas accepter plus d'un ducat. Si on vous demande qui a fait l'anneau, dites que vous l'avez fait vous-même ; ne prononcez pas un mot à mon sujet.

La vieille fut enchantée et emporta l'anneau. La fiancée fut ravie.

— C'est bien ce que je voulais, dit-elle. Alors elle donna à la vieille un plat plein d'or ; mais celle-ci ne prit qu'un ducat.

— Pourquoi en prends-tu si peu, dit le roi ?

— A quoi me servirait tant d'or à la fois, Votre Majesté ? Si j'en ai besoin plus tard, vous m'en donnerez.

Ayant dit, la vieille s'éloigna.

Le temps se passa et la nouvelle se répandit que la fiancée avait dit à son amant de lui rapporter son vêtement de noces ou de lui en faire fabriquer un tout pareil. La vieille, grâce au prince Ivan, réussit aussi dans cette entreprise et remit à la princesse son vêtement de noces.

Et elle lui donna encore après les souliers sans coutures, sans vouloir jamais accepter plus d'un ducat à la fois ; elle disait toujours, d'ailleurs, qu'elle avait fait les habits elle-même.

Bien. — On apprit que tel jour le mariage serait célébré dans le palais. Et le jour attendu avec tant d'anxiété arriva enfin. Alors le prince Ivan dit à la vieille :

— Faites bien attention, mère ! Quand la fiancée sera sur le point de se marier, faites-moi connaître à elle.

La vieille ne perdit pas de temps.

Alors Ivan revêtit aussitôt ses habits princiers et sortit de la maison.

— Voyez, mère, qui je suis réellement !

La vieille tomba à ses pieds.

— Je vous en prie, pardonnez-moi de vous avoir grondé, dit-elle.

— Que Dieu soit avec vous ! répondit-il.

Alors, il entra dans l'église, et voyant que ses frères n'étaient pas encore arrivés, il se plaça près de la fiancée et l'épousa. Tous deux revinrent ensemble au palais, escortés par la foule, et comme ils s'avançaient, le vrai fiancé, son frère aîné, les rencontra. Mais quand il s'aperçut que sa fiancée et le prince Ivan étaient reconduits tous deux au palais, il retourna ignominieusement sur ses pas.

Quant au roi, il fut enchanté de revoir le prince Ivan, et quand il eut appris toutes les circonstances de la trahison de ses frères, après avoir fait solennellement célébrer les fêtes du mariage, il bannit les deux princes aînés, mais il fit d'Ivan son héritier au trône.

LE SERPENT DES EAUX

Il y avait une fois une vieille femme qui avait une fille. Celle-ci descendit un jour jusqu'à l'étang voisin pour se baigner avec ses compagnes.

Elles dépouillèrent toutes leurs chemises et se mirent à l'eau. Alors, un serpent sortit de l'étang et se glissa dans la chemise de la fille. Après quelque temps, toutes les jeunes filles se retirèrent de l'eau et reprirent leurs chemises, mais quand la fille de la vieille femme voulut mettre la sienne, elle découvrit qu'un serpent s'y était blotti. Elle essaya de le chasser, mais il y était pour ainsi dire attaché et ne voulait pas en bouger. Alors, le serpent lui dit :

— Si tu veux m'épouser, je te rendrai ta chemise.

Or un tel mariage n'était pas du tout de son goût; mais ses compagnes lui dirent :

— Tu sais bien qu'un serpent ne peut pas être réellement ton mari. Fais-lui croire que tu consens à l'épouser. Elle répondit donc au serpent : « Très-bien, j'accepte! »

Alors le serpent sortit en rampant de la chemise et rentra dans l'eau. La fille s'habilla, retourna chez elle, et aussitôt qu'elle fut arrivée, elle dit à sa mère :

— Maman, maman, pendant que nous nous baignions, un serpent est entré dans ma chemise et il m'a dit : — Épouse-moi, ou je ne te rendrai pas ta chemise ; et je lui ai répondu : J'y consens.

— Quelle sottise racontes-tu là, petite folle? Est-ce qu'on peut épouser un serpent ?

Et elles en restèrent là, et oublièrent même ce qui s'était passé.

Une semaine s'écoula. Or, un jour, elles aperçurent une troupe nombreuse de serpents qui rampaient près de leur chaumière.

— Ah! maman, maman, sauve-moi! sauve-moi! cria la jeune fille.

Alors, la mère ferma la porte et barra l'entrée aussi rapidement que possible. Les serpents se précipitèrent contre la porte, mais elle était fermée; ils voulurent s'élancer dans le passage, mais le passage était clos. Soudain, ils se roulèrent en boule, se précipitèrent contre la fenêtre, la mirent en pièces, et firent irruption tous ensemble dans la chambre. La fille monta sur le poêle, mais ils l'y poursuivirent, l'en firent descendre et l'emportèrent hors de la chambre et de la maison. Sa mère la suivait en criant de toutes ses forces.

Ils emmenèrent la jeune fille et l'entraînèrent avec eux au fond de l'étang. Là, tous se changèrent en hommes et en femmes. La mère resta quelque temps sur le bord, se lamenta, puis retourna chez elle.

Trois années s'écoulèrent. La fille vécut au fond du lac et eut deux enfants, une fille et un garçon. Or elle entretenait souvent son mari de son désir d'aller voir sa mère, tant qu'à la fin, il la ramena à la surface de l'eau et la déposa sur le bord. Mais elle lui demanda, avant de le quitter :

— Comment dois-je appeler, quand j'aurai besoin de toi ?

— Crie tout haut : Joseph, Joseph, viens ici ! et je viendrai, répliqua-t-il.

Puis le serpent plongea de nouveau sous l'eau. La jeune femme alla chez sa mère, portant sa petite fille sur son bras et conduisant son garçon par la main. La mère sortit à sa rencontre et fut ravie de la voir.

— Bonjour ! mère, dit la fille.

— T'es-tu bien portée au fond du lac ? demanda la mère.

— Très-bien, en vérité ! mère. Ma vie là-bas est meilleure que la tienne ici.

Elles s'assirent un peu et babillèrent. La mère apprêta le dîner et elle dîna.

— Quel est le nom de ton mari ? demanda la mère.

— Joseph, répondit-elle.

— Et comment feras-tu pour rentrer chez toi ?

— J'irai à l'étang et j'appellerai : Joseph, Joseph, viens ici ! et il viendra.

— Va te coucher, ma fille, pour prendre du repos, dit la mère.

La fille alla donc se coucher et le sommeil la prit.

Aussitôt la mère saisit une hache, l'aiguisa et descendit sur le bord de l'étang, et quand elle fut arrivée au bord, elle se mit à appeler tout haut :

— Joseph, Joseph, viens ici !

Joseph n'eut pas plutôt montré sa tête que la vieille femme lui lança sa hache et lui coupa la tête, et l'eau de l'étang devint noire de sang.

La vieille rentra chez elle. Et quand elle fut arrivée, sa fille s'éveilla.

— Ah ! mère, dit-elle, je suis fatiguée d'être ici, je vais m'en retourner.

— Dors encore cette nuit sous mon toit, ma fille, peut-être n'auras-tu pas d'autre occasion d'être avec moi.

La fille resta donc et passa encore la nuit. Au matin, elle se leva et sa mère lui prépara son déjeuner ; elle déjeuna, puis elle dit adieu à sa mère et partit, emportant sa petite fille dans ses bras, pendant que son garçon suivait derrière elle. Elle atteignit le bord de l'étang et cria tout haut :

— Joseph, Joseph, viens ici !

Elle appela, appela, mais Joseph ne venait pas.

Alors, elle regarda dans l'eau et vit une tête flotter ; alors elle devina ce qui s'était passé.

— Hélas ! ma mère l'a tué, cria-t-elle.

Puis, sur le bord, elle pleura et se lamenta. Et alors elle cria à sa petite :

— Sois changée à tout jamais en un roitelet, et prends ton vol!

Et à son garçon elle cria :

— Deviens un rossignol, mon fils, et envole-toi, pour jamais!

— Quant à moi, dit-elle, je m'envolerai sous la forme d'un coucou, en criant à tout jamais : Coucou!

LE ROI DES EAUX

ET VASSILISSA LA SAGE

Il y avait une fois un roi et une reine, et le roi adorait la chasse et le tir. Or, un jour, il partit à la chasse et aperçut un aiglon perché sur un vieux chêne. Et au moment où le roi s'apprêtait à tirer, l'aiglon lui cria :

— Ne me tue pas! seigneur roi; emporte-moi plutôt dans ton palais; un jour ou l'autre, je te serai utile.

Le roi réfléchit un peu et dit :

— Comment peux-tu m'être utile? et de nouveau il s'apprêta à tirer l'aiglon.

Alors l'aiglon lui répéta :

— Ne me tue pas! seigneur roi; emmène-moi plutôt dans ton palais; un jour ou l'autre, je te serai utile.

Le roi réfléchit, réfléchit, sans pouvoir deviner en quoi l'aiglon pourrait bien lui être utile; il se décida donc à le tirer. Mais une troisième fois l'aiglon s'écria :

— Ne me tue pas! seigneur roi; emmène-moi plutôt dans ton palais, et nourris-moi pendant trois ans. Un jour ou l'autre, je te rendrai service.

Le roi abaissa son arme, emmena l'aiglon avec lui et le nourrit un an, deux ans. Mais l'oiseau avait un tel appétit, qu'au bout de ce temps il avait dévoré le bétail de tout le royaume, et qu'il ne restait plus dans le pays ni une vache ni un mouton. Alors, l'aigle dit au roi : — Je vois ton embarras, rends-moi ma liberté.

Le roi le mit donc en liberté; l'aigle battit des ailes et essaya de voler. Mais ce fut en vain; ses forces ne le lui permettaient pas encore. Il dit donc au roi :

— Seigneur roi, tu m'as nourri deux ans; maintenant, je t'en prie, malgré la dépense que je t'occasionne, nourris-moi encore une année entière. Même quand tu serais obligé d'emprunter des bœufs et des moutons pour ma nourriture, tu n'y perdras pas, je te le promets.

Le roi consentit à ce qu'on lui demandait. Il emprunta du bétail de tous les pays à la ronde, et il nourrit l'aigle pendant l'espace d'une année entière. Puis alors il le mit en liberté. L'aigle s'éleva au haut des airs, vola, vola, puis redescendit sur la terre et dit :

— Or donc, seigneur roi, assieds-toi sur mon dos; ensemble nous prendrons notre vol.

Le roi monta sur le dos de l'aigle.

Au loin ils s'envolèrent. Avant qu'il fût longtemps, ils atteignirent la mer bleue. Alors, l'aigle donna une secousse au roi, qui tomba dans la mer et s'y enfonça jusqu'aux genoux. Mais l'aigle ne le laissa pas se noyer. Il le reprit sur son aile et demanda :

— Eh quoi! monseigneur roi, as-tu eu peur, par hasard?

— Sans doute, dit le roi; j'ai cru que je me noyais tout droit.

De nouveau ils volèrent, volèrent, et enfin ils arrivèrent au-dessus d'une autre mer. L'aigle jeta le roi au beau milieu de la mer; le roi s'enfonça jusqu'à la ceinture.

L'aigle le replaça sur son aile et demanda :

— Eh quoi! monseigneur roi, aurais-tu eu peur, par hasard?

— Sans doute, répliqua le roi; mais pendant que j'étais plongé dans l'eau, je me disais : Peut-être, s'il plaît à Dieu, cette créature me retirera de la mer.

De nouveau, ils volèrent au loin, ils volèrent et arrivèrent au-dessus d'une troisième mer. L'aigle lança le roi dans un grand golfe, de telle sorte qu'il s'enfonça jusqu'au cou. Et pour la troisième fois, l'aigle le replaça sur son aile et demanda :

— Eh quoi! monseigneur roi, as-tu eu peur, par hasard?

— Sans doute, dit le roi; mais je me disais encore en moi-même : Peut-être que l'aigle me retirera du danger.

— Eh bien, monseigneur roi, tu as senti à ton tour ce qu'est la crainte de la mort. Ce que j'ai fait était en paiement d'une vieille injure. Te souviens-tu, quand j'étais perché sur un chêne et que tu voulais me tirer? Trois fois tu as été sur le point de me laisser m'envoler pendant que je te suppliais de ne pas me tuer, me disant toujours à moi-même pendant ce temps : Peut-être ne tirera-t-il pas! peut-être abaissera-t-il son arme et m'emmènera-t-il avec lui!

Ensuite, ils volèrent au-delà de trois fois neuf pays. Longtemps, longtemps ils volèrent. L'aigle dit : — Monseigneur roi, jette les yeux autour de toi. Qu'y a-t-il au-dessus de nous et qu'y a-t-il au-dessous?

Le roi regarda :

— Au-dessus de nous, dit-il, est le ciel ; au-dessous est la terre.

— Regarde encore. Qu'y a-t-il à droite? qu'y a-t-il à gauche?

— A droite est une plaine nue, à gauche s'élève une maison.

— C'est là que nous allons, dit l'aigle ; là demeure ma plus jeune sœur.

Ils s'abattirent tout droit dans la cour d'entrée. La sœur vint à leur rencontre, reçut son frère cordialement et le fit asseoir à une table de chêne. Quant au roi, elle ne le regarda même pas, mais le laissa dehors, et lâchant ses lévriers, les excita contre lui. L'aigle fut saisi de colère, il se leva brusquement de table, saisit le roi et s'envola de nouveau avec lui.

Alors ils volèrent, et volèrent. Soudain l'aigle dit au roi :

— Regarde autour de toi. Qu'y a-t-il derrière nous?

Le roi tourna la tête, regarda et dit :

— Derrière nous, j'aperçois une maison toute rouge

— C'est la maison de ma plus jeune sœur. Elle est en feu, parce que ma sœur n'a pas voulu te donner l'hospitalité, mais a lâché ses lévriers sur toi.

Ils volèrent, volèrent. De nouveau l'aigle demanda :

— Regarde encore, seigneur roi. Qu'y a-t-il au-dessus de nous? qu'y a-t-il au-dessous?

— Au-dessus de nous s'étend le ciel, au-dessous la terre.

— Regarde et vois. Qu'est-ce qui est à droite? qu'est-ce qui est à gauche?

— A droite est la vaste plaine, à gauche s'élève une maison.

— C'est là que demeure ma seconde sœur ; nous irons lui rendre visite.

Ils s'arrêtèrent dans une large cour. La deuxième sœur reçut son frère avec cordialité et le fit asseoir à la table de chêne ; mais elle laissa le roi à la porte, et lâchant ses lévriers, elle les lança sur lui. L'aigle fut rempli de rage, se leva précipitamment de table, saisit le roi et s'envola au loin avec lui. Ils volèrent, et volèrent. L'aigle dit :

— Seigneur roi, jette les yeux autour de toi. Qu'aperçois-tu derrière nous?

Le roi se retourna et dit :

— Derrière nous, je vois une maison toute rouge.

— C'est la maison de ma deuxième sœur, qui est en feu, dit l'aigle. Maintenant, nous allons voler jusqu'au lieu où habitent ma mère et ma sœur aînée.

Puis ils dirigèrent leur vol de ce côté.

La mère et la sœur aînée de l'aigle furent ravies de les voir et accueillirent le roi avec cordialité et respect.

— Maintenant, monseigneur roi, arrêtons-nous ici quelque temps. Ensuite, je te donnerai un vaisseau et te paierai tout ce que j'ai mangé dans ta maison. Et puis, que Dieu te ramène promptement dans ton pays !

L'aigle donna alors au roi un vaisseau et deux coffres; le premier rouge, le deuxième vert, et dit :

— Souviens-toi bien qu'il ne te faut pas ouvrir ces coffres avant d'être de retour dans ton palais. Une fois arrivé, tu ouvriras le coffre rouge dans la cour de derrière, et le coffre vert dans la cour d'entrée.

Le roi prit les coffres, se sépara de l'aigle et fit voile le long de la mer bleue. Sur sa route, il aborda dans une île et y fit relâcher son vaisseau. Il débarqua sur le rivage, et songeant à ses coffres, il se demanda avec curiosité ce qu'ils pouvaient bien contenir, et pour quelles raisons l'aigle lui avait conseillé de ne pas les ouvrir.

Il réfléchit, réfléchit, et à la fin ne put se contenir davantage, tant il désirait savoir ce qui en était. Alors, il prit le coffre rouge, le posa par terre et l'ouvrit ; — et il en sortit une telle quantité d'espèces différentes de bétail qu'il était impossible d'en dire le nombre. A peine l'île était-elle assez grande pour les contenir.

Quand le roi vit cela, la tristesse s'empara de lui et il se mit à pleurer, puis à s'écrier :

— Que puis-je faire, maintenant ? comment faire rentrer tout ce bétail dans un si petit coffre ?

A ce moment, un homme sortit de la mer, s'approcha du roi et lui dit :

— O seigneur roi, pourquoi pleures-tu si amèrement?

— Comment ne pas pleurer ? répondit le roi ; comment me sera-t-il possible de faire tenir ce grand troupeau dans ce petit coffre?

— Si tu le veux, je puis mettre ton esprit en repos. Je me charge d'emballer tout ce bétail à ta place, mais à une condition, toutefois : tu me donneras ce que tu as chez toi que tu ne connais pas.

Le roi réfléchit.

— Que peut-il y avoir dans mon palais que je ne connaisse pas? dit-il. Je suis bien sûr de connaître tout ce qu'il y a chez moi.

Après avoir réfléchi, le roi accepta :

— Rentre le bétail, dit-il. Je consens à te donner ce que j'ai chez moi et que je ne connais pas.

Alors cet homme emballa dans le coffre tout le bétail du roi.

Le roi monta à bord du vaisseau et fit voile vers son royaume.

Quand il arriva chez lui, il apprit alors que, pendant son absence, un fils lui était né, et il se mit à embrasser l'enfant, à le couvrir de caresses, et en même temps il fondit en larmes.

— Monseigneur roi, dit la reine, pourquoi pleurer si amèrement?

— C'est de joie! répondit-il.

Le roi avait peur de dire la vérité à sa femme, peur de lui dire que le prince devait être livré. Ensuite le roi passa dans la cour de derrière, ouvrit le coffre rouge, et il en sortit des bœufs et des vaches, des moutons et des béliers. Ces animaux formaient de telles multitudes que tous les pâturages et les étables en furent entièrement remplis. Le roi passa ensuite dans la cour d'entrée, ouvrit le coffre vert, et alors il vit paraître un vaste et magnifique jardin. Dieu! que d'arbres il y avait là dedans! Le roi fut si enchanté de ce spectacle, qu'il oublia tout à fait qu'il avait promis de livrer son fils.

Plusieurs années s'écoulèrent.

Un jour, le roi forma le projet de faire une excursion, et dans ce but il se dirigea vers la rivière. A ce moment, le même homme qu'il avait vu jadis sortit de l'eau et dit :

— Tu es devenu bien vite oublieux, seigneur roi. Réfléchis un peu : tu es mon débiteur, tu le sais bien!

Le roi rentra chez lui plein de chagrin, et raconta toute la vérité à la reine et au prince. Tous se désolèrent et pleurèrent ensemble ; mais ils décidèrent qu'il fallait courber la tête sous la nécessité et que le prince devait être livré. Alors ils l'emmenèrent à l'embouchure de la rivière, et là le laissèrent seul.

Le prince regarda tout autour de lui, vit un sentier et le suivit, se fiant à Dieu pour le conduire. Il marcha, marcha, et arriva à une épaisse forêt. Dans la forêt s'élevait une hutte; dans la hutte demeurait une Baba Yaga. Si j'entrais! dit le prince; et il entra.

— Bonjour! prince, dit la Baba Yaga; cherches-tu de l'ouvrage ou l'évites-tu?

— Eh! grand'mère, donne-moi d'abord à boire et à manger, ensuite tu me feras toutes les questions que tu voudras.

Alors elle lui donna à boire et à manger, et le prince lui raconta où il allait et dans quel but.

Alors la Baba Yaga dit : « Va, mon enfant, jusqu'au rivage de la mer; là voleront douze oiseaux qui se changeront en douze jeunes filles. Pendant qu'elles se baigneront, glisse-toi dans les buissons et empare-toi de la chemise de l'aînée des jeunes filles. Quand tu te seras entendu avec elle, va trouver le roi des Eaux, et alors tu rencontreras en chemin le Dévorant, le Buveur, et aussi Gelée crevassante; emmène-les tous avec toi, ils te feront un bon service.

Le prince dit adieu à la Yaga, se rendit au lieu désigné et se cacha derrière les buissons. Aussitôt les douze oiseaux arrivèrent en volant; ils s'abattirent sur le sable humide, se changèrent en belles jeunes filles, et commencèrent à se baigner. Le prince déroba la chemise de la plus âgée et s'assit derrière un buisson sans faire aucun mouvement.

Les filles ayant fini de se baigner revinrent sur le rivage; onze d'entre elles remirent leurs chemises, se changèrent en oiseaux et s'envolèrent à leur demeure.

Il ne resta que l'aînée : Vassilissa la Sage. Elle se mit à prier et à implorer le bon jeune homme.

— Rends-moi ma chemise, dit-elle ; tu es sur la route qui conduit à la maison de mon père, le roi des Eaux. Quand tu y seras, je te rendrai un bon office.

Alors, le prince lui rendit sa chemise, et elle se changea aussitôt en un oiseau et rejoignit en volant ses compagnes.

Le prince poursuivit son chemin ; sur la route, il rencontra trois héros : le Dévorant, le Buveur et Gelée crevassante ; il les prit avec lui et se rendit chez le roi des Eaux.

Le roi des Eaux l'aperçut et lui dit :

— Salut, ami ! pourquoi as-tu tant tardé à venir ? j'étais impatient de te voir. Maintenant, mets-toi à l'ouvrage. Voici la première tâche. Bâtis-moi dans une nuit un grand pont de cristal ; je veux qu'il soit prêt pour demain matin. Si tu ne le bâtis, il y va de ta tête.

Le prince sortit de chez le roi des Eaux et répandit un flot de larmes. Vassilissa la Sage ouvrit la fenêtre de sa chambre et demanda :

— Prince, pourquoi te lamenter ?

— Ah ! sage Vassilissa, comment ne pas me plaindre ? Ton père m'a ordonné de bâtir un pont de cristal en une seule nuit, et je ne sais pas seulement comment on manie une pioche !

— Ne t'inquiète de rien ; couche-toi et dors. Le matin est plus sage que le soir.

Elle lui ordonnait de dormir ; quant à elle, elle sortit sur ses pas et poussa un sifflement aigu. Alors, de toutes parts accoururent des charpentiers et des ouvriers : les uns nivelèrent le terrain, les autres portèrent des briques. Ils eurent bientôt élevé un pont de cristal, sur lequel ils gravèrent d'ingénieuses devises ; puis ils se dispersèrent pour rentrer chez eux.

Le lendemain, de bonne heure, Vassilissa la Sage éveilla le prince.

— Prince, lève-toi, le pont est terminé ; mon père va venir inspecter ton œuvre.

Le prince se dressa, saisit un balai, prit place sur le pont et se mit à balayer ici, à nettoyer là.

Le roi des Eaux le combla de louanges.

— Merci, dit-il, tu m'as rendu service ; maintenant, rends-m'en un autre ; voici la tâche : plante-moi pour demain un vert jardin, grand et ombreux ; je veux que des oiseaux chantent dans le jardin, que les fleurs s'épanouissent sur les arbres et que les poires et les pommes mûres pendent des branches.

Le prince sortit du palais, fondant en larmes.

Vassilissa la Sage ouvrit sa croisée et demanda :

— Prince, qu'as-tu à gémir ?

— J'ai bien sujet de me plaindre ; ton père m'a donné l'ordre de planter un jardin en une nuit.

— Cela n'est rien ; couche-toi et dors. Le matin est plus sage que le soir.

Elle lui conseillait de se livrer au sommeil. Quant à elle, elle sortit sur le perron et appela en poussant un sifflement aigu. De toutes parts accoururent des jardiniers de toute espèce. Et ils plantèrent un jardin verdoyant, et dans le jardin les oiseaux gazouillèrent; sur les arbres les fleurs s'épanouirent, et des branches pendirent des pommes et des poires mûres.

Le matin, de bonne heure, Vassilissa la Sage éveilla le prince.

— Lève-toi, prince, le jardin est prêt; papa va venir le voir.

Aussitôt, le prince s'empara d'un balai et se rendit dans le jardin. Là il balaya un sentier; ici il redressa un rameau.

Le roi des Eaux le complimenta et dit:

— Merci! prince, tu m'as fait un très-fidèle service. Choisis donc toi-même une épouse parmi mes douze filles. Elles sont toutes absolument semblables de figure, de coiffure et d'habillement. Si tu peux me désigner la même trois fois de suite, elle sera ta femme; mais si tu te trompes, je te ferai mettre à mort.

Vassilissa la Sage entendit tout cela, mais elle trouva le temps de dire au prince:

— La première fois que tu auras à choisir, j'agiterai mon mouchoir; la deuxième, j'arrangerai ma coiffure; la troisième, tu verras une mouche au-dessus de ma tête.

C'est ainsi que le prince désigna trois fois de suite Vassilissa la Sage. Alors ils s'épousèrent, et le festin de noces fut préparé. Or, le roi des Eaux avait fait apprêter de telles quantités de nourriture de toute espèce, que plus de cent hommes pouvaient s'en rassasier; et il ordonna à son gendre de veiller à ce que tout fût mangé.

— S'il reste quoi que ce soit, il t'arrivera malheur! dit-il.

— Mon père, demanda le prince, j'ai un vieux camarade, permettez-moi de lui faire prendre part au festin.

— Qu'il vienne.

Aussitôt se présenta le Dévorant, qui dévora tout et qui n'en avait pas encore assez.

Le roi des Eaux fit tirer de ses caves quarante barils de toute espèce de boissons fortes et ordonna à son gendre de veiller à ce qu'elles fussent toutes mises à sec.

— Mon père, demanda de nouveau le prince, j'ai dans ma suite un autre vieux serviteur; permettez-lui aussi de boire à votre santé.

— Qu'il vienne.

Le Buveur parut, vida les quarante barils en un clin d'œil, et quand il eut fini, il demanda si on ne pourrait pas lui donner encore une goutte pour se rincer le gosier!

Le roi des Eaux vit qu'il n'y avait rien à gagner de cette manière. Alors il donna l'ordre de préparer une chambre de bain pour le jeune couple — une chambre de bain tout en fer — et de la chauffer aussi chaud que possible!

Alors, la chambre de fer fut chauffée au rouge. — Douze charges de bois furent allumées; le poêle et les murs étaient rouges de chaleur, — il était impossible d'en approcher à cinq verstes à la ronde!

— Mon père, dit le prince, permettez à un de mes vieux compagnons de se laver le premier, afin d'essayer un peu la chambre de bain.

— Qu'il en soit ainsi!

Gelée crevassante entra dans la chambre de bain, souffla dans un coin, souffla dans un autre; — en un moment des glaçons pendirent aux murailles.

Après lui les jeunes époux entrèrent aussi dans la chambre de bain; ils se lavèrent, ils se savonnèrent, puis rentrèrent au palais.

Après quelque temps, Vassilissa dit au prince:

— Mettons-nous hors du pouvoir de mon père. Il est terriblement furieux contre toi; peut-être te veut-il du mal.

— Partons, dit le prince.

Aussitôt ils sellèrent leurs chevaux et partirent au galop dans la plaine ouverte. Ils chevauchèrent, chevauchèrent; mainte heure s'écoula.

— Descends de cheval, prince, et mets ton oreille contre la terre, dit Vassilissa. N'entends-tu pas un bruit de gens à notre poursuite?

Le prince appliqua son oreille contre le sol, mais il ne put rien entendre. Alors Vassilissa se jeta elle-même à bas de son coursier.

Elle se coucha sur la terre et dit: « Ah! prince, j'entends un grand bruit comme de gens qui courent après nous. » Puis elle changea les chevaux en un puits, elle-même en un seau; le prince en un vieux, très-vieux bonhomme.

Arrivèrent les poursuivants.

— Eh! vieillard, dirent-ils, n'auriez-vous pas vu un jeune homme et une jeune fille passer par ici?

— Je les ai vus, mes amis; seulement, il y a bien longtemps déjà! J'étais alors tout jeune, quand ils chevauchèrent par ici.

Les poursuivants revinrent vers le roi des Eaux.

— Nous n'avons trouvé, dirent-ils, ni trace ni nouvelles; tout ce que nous avons vu, c'était un vieillard près d'un puits et un seau flottant sur l'eau.

— Pourquoi ne vous en êtes-vous pas emparés? cria le roi des Eaux, qui livra, en conséquence, ses gens à une mort cruelle. Il envoya une autre troupe après le prince et Vassilissa la Sage.

Pendant ce temps, les fugitifs avaient chevauché loin, plus loin encore.

Vassilissa la Sage entendit le bruit de la nouvelle troupe envoyée à leur poursuite. Alors, elle changea le prince en un vieux prêtre; elle-même devint une vieille église. A peine les murs se soutenaient-ils, tout couverts de mousse.

Soudain arrivèrent les gens du roi.

— Eh! vieillard, n'avez-vous pas vu passer un jeune homme et une jeune fille?

— Certes! je les ai vus; seulement il y a longtemps, bien longtemps déjà. Je n'étais qu'un jeune homme quand ils chevauchèrent par ici; je commençais alors à bâtir cette église.

Alors, la seconde troupe de poursuivants revint au roi des Eaux, en disant :

— Nous n'avons trouvé ni traces ni nouvelles du prince et de la princesse; tout ce que nous avons vu, Royale Majesté, c'est un vieux prêtre près d'une ancienne église.

— Que ne vous en êtes-vous emparés? cria le roi des Eaux, plus fort que jamais.

Et ayant fait mettre cruellement à mort ses gens, il partit lui-même au galop, à la poursuite du prince et de Vassilissa la Sage.

Cette fois Vassilissa changea les chevaux en une rivière de miel, avec des rives de gelée, et métamorphosa le prince en un canard, et elle-même en une cane grise.

Le roi des Eaux se précipita sur la gelée et l'eau de miel, et mangea, mangea ; il but et but jusqu'à ce qu'il éclata! et ainsi il rendit l'âme.

Le prince et Vassilissa continuèrent à chevaucher et, à la fin, ils approchèrent de la demeure des parents du prince. Alors, Vassilissa lui dit : « Prince, va devant et annonce notre arrivée à ton père et à ta mère. Pour moi, je t'attendrai, ici sur le bord de la route. Seulement, souviens-toi de mes paroles : Embrasse tout le monde, excepté ta sœur ; sinon tu m'oublieras. »

Le prince atteignit le palais, salua tout le monde, mais il embrassa aussi sa sœur; — et il ne l'eut pas plutôt embrassée que, de ce moment même, il oublia complétement sa femme, comme si jamais il n'en avait entendu parler.

Trois jours Vassilissa l'attendit; au quatrième jour, elle s'habilla en mendiante, entra dans la capitale, et prit ses quartiers dans la maison d'une vieille femme. Or le prince était sur le point d'épouser une riche princesse, et des ordres avaient été donnés de proclamer dans tout le royaume que tous les chrétiens devaient venir féliciter le fiancé et la fiancée; chacun devait en outre apporter en présent un gâteau de froment. Aussi la vieille femme chez laquelle était logée Vassilissa se préparait-elle, comme tout le monde, à cribler sa farine et à faire un gâteau.

— Pourquoi fais-tu un gâteau, grand'mère? demanda Vassilissa.

— C'est parce que... tu le sais, évidemment? notre roi est sur le point de donner son fils en mariage à une riche princesse. Je dois aller au palais pour servir le dîner au jeune couple.

— Allons-y ensemble! Moi aussi, je préparerai un gâteau et le porterai au palais. Peut-être le roi me fera-t-il quelque présent.

— Pétris donc vite, au nom du ciel, dit la vieille femme. Vassilissa prit de la farine, pétrit la pâte et fit un gâteau. Et dans le gâteau elle introduisit quelques morceaux de lait caillé et une paire de colombes vivantes.

Ensuite, la vieille et Vassilissa la Sage atteignirent le palais juste au moment du dîner. Le festin était avancé, et tout était disposé pour que chacun pût le voir. Le gâteau de Vassilissa fut placé sur la table; mais il ne fut pas plutôt coupé en deux que les deux colombes s'en envolèrent. L'oiseau saisit un morceau de lait caillé et sa compagne lui dit : — Mon tourtereau, donne-moi un peu de lait caillé.

— Je m'en garderai bien, répliqua le tourtereau. Autrement tu m'oublierais, comme le prince a oublié sa sage Vassilissa.

Alors le prince se ressouvint aussitôt de sa femme et se leva précipitamment de table; il la saisit par ses blanches mains et la fit asseoir à son côté.

Depuis ce temps, ils vécurent ensemble en tout bonheur et prospérité.

LA BABA YAGA

Il y avait une fois deux vieux époux. Le mari, ayant perdu sa femme, se remaria. Mais du premier lit il avait une fille, une jeune fille, qui ne trouva pas faveur aux yeux de sa mauvaise belle-mère. Celle-ci avait coutume de la battre et cherchait tous les moyens de la faire mourir le plus vite possible.

Un jour, le père partit en voyage pour quelque temps; la belle-mère en profita et dit à la fille:

— Va trouver ta tante, ma sœur, et demande-lui de te donner une aiguille et du fil pour te faire une chemise.

Or cette tante était une Baba Yaga. Mais la jeune fille n'était pas sotte; aussi alla-t-elle chez une tante à elle, sœur de sa vraie mère, et elle lui dit :

— Bonjour, tante.

— Bonjour, ma chère, qu'est-ce que tu veux?

— Ma mère m'a envoyée vers sa sœur pour lui demander une aiguille et du fil pour me faire une chemise.

Alors sa tante l'instruisit de ce qu'elle devait faire.

— Tu verras près la porte de la Baba Yaga un bouleau qui voudra te crever les yeux avec ses branches.

Il faut que tu attaches un ruban autour de lui. Les portes de sa hutte grinceront et battront avec fracas; tu verseras de l'huile dans leurs gonds. Il y a des chiens qui voudront te mettre en pièces. Tu leur jetteras ces petits pains. Il y a un chat qui viendra pour t'arracher les yeux; tu lui donneras un morceau de lard.

Alors la fille partit; elle marcha et marcha jusqu'à ce qu'enfin elle arriva au but. Elle vit une cabane dans laquelle était assise une Baba Yaga aux jambes osseuses, en train de filer.

— Bonjour! tante, dit la fille.

— Bonjour! ma chère, répliqua la Baba Yaga.

— Ma mère m'a envoyée vous demander une aiguille et du fil pour me faire une chemise.

— Très-bien. — Assieds-toi et file un peu pendant ce temps. Alors la fille s'assit auprès d'un métier, et la Baba Yaga sortit et dit à sa servante:

— Chauffe le bain, fais-y baigner ma nièce, et souviens-toi de la surveiller attentivement; j'ai l'intention de la manger à déjeuner.

Bien. — La fille s'assit tellement effrayée, qu'elle était plus morte que vivante. Alors, elle implora la servante, en disant:

— Chère parente, je t'en prie, mouille le bois au lieu de le faire brûler, et apporte dans un crible l'eau du bain.

La Baba Yaga attendit quelque temps, puis elle vint à la fenêtre et demanda:

— Files-tu, ma chère?

— Oh! oui, chère tante, je file.

Alors la Baba Yaga revint de nouveau, et la fille donna au chat un morceau de lard, et demanda :

— Y a-t-il moyen de se sauver d'ici?

— Voici un peigne et un essuie-mains, dit le chat; prends-les et pars. La Baba Yaga s'élancera à ta poursuite; alors, mets ton oreille contre terre, et quand tu entendras qu'elle approche, jette d'abord l'essuie-mains. Il se changera en une rivière large, large. Et si la Baba Yaga traverse la rivière et essaie de t'atteindre, alors applique de nouveau ton oreille contre terre, et quand tu entendras qu'elle est tout près, jette le peigne. Il deviendra une forêt épaisse, épaisse, à travers laquelle il ne sera pas possible à la sorcière de se frayer un chemin.

La fille prit l'essuie-mains et le peigne et s'enfuit.

Les chiens voulaient la déchirer, mais elle leur jeta les petits pains, et ils la laissèrent passer.

Les portes allaient commencer à battre, mais la jeune fille versa de l'huile dans leurs gonds, et elles la laissèrent passer.

Le bouleau lui aurait crevé les yeux avec ses branches, mais la jeune fille noua un ruban autour de lui, et il la laissa passer. Alors le chat s'assit près du métier et travailla. Il tournait le rouet et filait tout ce qu'il trouvait sous sa main.

La Baba Yaga revint à la fenêtre et demanda :

— Files-tu, ma nièce? files-tu, ma chère?

— Je file, chère tante, je file, répondit le chat en rechignant.

La Baba Yaga se précipita dans la cabane, vit que la fille était partie, et se mit à battre le chat et à lui reprocher de n'avoir pas arraché les yeux de la fille.

— Longtemps je vous ai servie, dit le chat, et vous ne m'avez donné qu'un os à ronger, et elle, elle m'a donné du lard !

Alors, la Baba Yaga se jeta sur ses chiens, sur les portes, sur le bouleau, sur la servante, et elle s'apprêtait à les maltraiter tous et à les battre.

Alors les chiens lui dirent : — Depuis longtemps que nous vous servons, vous ne nous avez jamais jeté que des croûtes brûlées ; mais elle nous a donné des petits pains à manger.

Et les portes dirent : — Depuis que nous vous servons, vous n'avez jamais versé même une goutte d'eau sur nos gonds ; elle, au contraire, a versé de l'huile sur nous.

Le bouleau lui dit : — Depuis que je vous sers, vous n'avez jamais attaché mes branches avec un simple fil ; mais elle, elle a roulé un ruban autour de moi.

Et la servante dit : — Depuis que je vous sers, vous ne m'avez jamais donné qu'une guenille ; mais elle, elle m'a donné un mouchoir.

La Baba Yaga aux membres osseux sauta rapidement dans son mortier, le manœuvra avec son pilon, effaçant toutes les traces de son passage avec son balai, et poursuivit la jeune fille.

Alors la jeune fille mit son oreille par terre, et quand elle entendit la Baba Yaga la poursuivre et approcher d'elle, elle jeta par terre l'essuie-mains.

Et il se changea en une rivière large, large! La Baba Yaga approcha de la rivière et grinça les dents de rage; puis elle revint à la maison chercher ses bœufs et les mena à la rivière. Les bœufs burent jusqu'à la dernière goutte de l'eau; alors la Baba Yaga recommença sa poursuite. Mais la jeune fille appliqua derechef son oreille sur la terre, et quand elle entendit approcher la Baba Yaga, elle jeta le peigne, et aussitôt une forêt impénétrable s'éleva dans les airs. La Baba Yaga commença à la ronger; mais quelque ardeur qu'elle mît au travail, elle ne put se frayer un chemin à travers la forêt.

Or, pendant ce temps, le père de la jeune fille était revenu chez lui, et il demanda :

— Où est ma fille?

— Elle est allée chez sa tante, répliqua la belle-mère.

Bientôt après, la jeune fille rentra en courant :

— Où as-tu été? demanda son père.

— Ah! papa, dit-elle, ma mère m'a envoyée demander à ma tante une aiguille et du fil pour me faire une chemise. Mais la tante est une Baba Yaga, et elle a voulu me manger.

— Et comment t'es-tu échappée, ma fille?

— Comme ceci, dit la fille; et elle raconta tout.

Aussitôt que son père eut tout entendu, il devint furieux contre sa femme et la tua. Dès ce moment, le père et la fille vécurent ensemble, prospérèrent, et tout réussit à souhait chez eux.

VASSILISSA LA BELLE

Dans un certain royaume habitait jadis un marchand. Pendant douze ans qu'il vécut avec sa femme, il n'eut qu'un seul enfant : Vassilissa la Belle. A la mort de sa mère, Vassilissa avait huit ans. Lorsque la femme du marchand sentit venir la mort, elle fit approcher de son lit sa petite fille, puis tirant une poupée de dessous ses draps, elle la lui donna en disant :

— Écoute, Vassilissa, ma chère enfant, souviens-toi d'obéir à mes dernières volontés. Je vais mourir. Et maintenant, avec ma bénédiction maternelle, je te lègue cette poupée. Garde-la toujours avec toi, ne la montre à personne, et quelque malheur qu'il t'arrive, n'oublie pas de donner à manger à ta poupée et de prendre toujours son avis. Quand elle aura mangé, elle te donnera un remède pour tes chagrins. Puis la mère embrassa son enfant et mourut.

Après la mort de sa femme, le marchand la pleura pendant le temps convenable, et puis commença à songer à se remarier : c'était un homme riche. Il ne pouvait pas être question pour lui de jeunes filles avec des dots.

Plus que toutes les autres une certaine veuve attira son attention ; elle était entre deux âges, et avait deux filles aussi grandes que Vassilissa. Elle pouvait donc être à la fois une bonne ménagère et une mère expérimentée.

Bien. — Le marchand épousa la veuve ; mais il s'était trompé ; car il ne trouva pas en elle une bonne mère pour sa Vassilissa.

Vassilissa était la plus jolie fille de tout le village ; mais sa belle-mère et ses belles-sœurs étaient jalouses de sa beauté, et la tourmentaient en lui donnant des tâches de toutes sortes, afin que, surmenée d'ouvrage, elle devînt maigre et que sa peau fût brûlée par le soleil et le vent. On fit de sa vie un supplice.

Vassilissa supporta tout avec résignation ; de jour en jour, elle devenait plus grasse et plus jolie, tandis que sa belle-mère et ses filles perdaient leur embonpoint. Le dépit dont elles étaient animées faisait décliner leur beauté, bien qu'elles fussent toujours assises, les mains croisées, comme les belles dames.

Mais comment tout ceci arriva-t-il ?

C'était la poupée de Vassilissa qui la soutenait ; sans elle, comment la jeune fille aurait-elle pu accomplir tout son ouvrage ?

Aussi Vassilissa n'aurait jamais mangé toute sa part de repas sans garder le morceau le plus délicat pour sa poupée. Et la nuit, quand tout reposait, elle s'enfermait dans l'étroite chambre dans laquelle elle couchait, régalait sa poupée en disant : — Petite poupée, mange, et secours-moi dans ma détresse. Je vis dans la maison de mon père, mais je n'en connais pas le plaisir ; ma mauvaise belle-mère essaie de me chasser du monde des vivants ; apprends-moi comment je dois faire pour conserver la vie.

Alors la poupée mangeait, et après donnait son avis, la consolait dans son chagrin, et le lendemain faisait elle-même l'ouvrage de Vassilissa.

Celle-ci n'avait qu'à prendre ses aises sous l'ombrage, à cueillir des fleurs, et pourtant tout son ouvrage était terminé à temps. Les lits étaient préparés, les seaux étaient remplis, les choux étaient lavés, le poêle était allumé. En outre, la poupée montrait à Vassilissa les herbes qui empêchent d'être brûlé du soleil.

Elle et sa poupée vécurent ainsi heureusement ensemble.

Quelques années se passèrent. Vassilissa grandit et devint d'âge à se marier. Tous les jeunes gens de la ville vinrent demander sa main ; mais les filles de sa belle-mère ne furent recherchées par personne ; la belle-mère devint plus sauvage que jamais. Elle répliquait à chaque prétendant : « Nous ne marierons pas la cadette avant les aînées. » Et quand les prétendants étaient partis, elle avait coutume de battre Vassilissa pour passer son dépit.

Bien. — Il arriva un jour que le marchand eut à faire un voyage d'affaires pour longtemps.

Alors la belle-mère alla vivre dans une autre maison.

Près de cette maison était une épaisse forêt. Dans une clairière de cette forêt, il y avait une cabane, et dans cette cabane vivait une Baba Yaga. Jamais personne n'avait approché de sa demeure, et elle mangeait les gens comme autant de poulets.

S'étant retirée dans sa nouvelle demeure, la femme du marchand envoyait sa Vassilissa détestée dans la forêt, sous un prétexte ou sous un autre. Mais la jeune fille revenait toujours à la maison, saine et sauve. Sa poupée lui montrait toujours le chemin et ne la laissait jamais approcher de la maison de Baba Yaga.

La saison d'automne arriva. Un soir, la belle-mère distribua l'ouvrage aux trois filles, l'une devait faire de la dentelle, l'autre devait tricoter des chaussettes, et la belle Vassilissa devait filer. Chacune d'elles avait sa tâche à accomplir.

L'une après l'autre, la belle-mère enleva les lumières de la maison; elle laissa seulement une chandelle allumée dans la chambre où étaient ses filles. Puis elle alla se mettre au lit.

Les filles travaillèrent, travaillèrent. Bientôt la chandelle eut besoin d'être mouchée : l'une des belles-filles prit les mouchettes, comme pour couper la mèche, mais au lieu de le faire, d'après l'ordre de sa mère, elle éteignit la lumière, prétendant que c'était par accident.

— Que faire maintenant? dirent les filles; il n'y a pas une étincelle de feu dans la maison. Et nos tâches ne sont pas finies ! Il faut aller demander de la lumière à Baba Yaga.

— Mes épingles me donnent assez de lumière, dit celle qui faisait de la dentelle, je n'irai pas.

— Et moi, je n'irai pas non plus, dit celle qui tricotait des chaussettes; mes aiguilles me donnent assez de lumière.

— Vassilissa, il faut que tu ailles chercher de la lumière, crièrent-elles toutes deux à la fois. Va chez Baba Yaga; et elles poussèrent Vassilissa hors de la chambre.

Vassilissa alla dans sa petite chambre, mit devant sa poupée un souper qu'elle avait préparé d'avance, et lui dit : — Maintenant, mange, ma petite poupée, et conseille-moi; on m'envoie vers Baba Yaga pour lui demander de la lumière. Baba Yaga me mangera.

La poupée mangea, et ses yeux se mirent à briller comme deux chandelles : — Ne crains rien, ma chère Vassilissa, dit-elle; va où l'on t'envoie; seulement, aie soin de m'emporter toujours avec toi; aussi longtemps que je serai avec toi, Baba Yaga ne te fera jamais de mal.

Vassilissa s'apprêta, mit sa poupée dans sa poche, fit le signe de la croix, et entra dans la forêt épaisse.

Tout en marchant, elle tremblait. Tout à coup, un cavalier passa auprès d'elle en galopant; il est blanc, ses habits sont blancs, sous lui est un cheval blanc, et les harnais en sont blancs. Le jour commence à poindre.

Vassilissa va un peu plus loin; un second cavalier passe auprès d'elle en galopant; il est rouge, vêtu de rouge, monté sur un cheval rouge. Le soleil paraît.

Vassilissa continue à marcher toute la nuit et tout le lendemain; ce ne fut que le soir qu'elle parvint à la clairière où s'élevait la demeure de Baba Yaga. L'enceinte qui l'entourait était faite d'ossements humains. Sur les pieux qui formaient l'enceinte étaient fixés des crânes avec leurs yeux; les montants des portes étaient des jambes d'hommes, les verrous étaient des bras, la serrure était une bouche armée de dents aiguës.

Vassilissa fut saisie de terreur et resta comme fixée à terre.

Tout à coup, passa un autre cavalier. Il était noir, ses vêtements étaient noirs, et noir était son cheval! il galopa jusqu'à la porte de Baba Yaga et disparut comme s'il s'était enfoncé sous terre. La nuit tomba.

Mais l'obscurité ne dura pas longtemps. Les yeux de tous les crânes placés sur la haie commencèrent à jeter des flammes, et la clairière tout entière devint aussi brillante qu'à midi. Vassilissa trembla de crainte; mais elle s'arrêta où elle était, ne sachant où aller.

Bientôt la forêt retentit d'un terrible mugissement; les arbres craquèrent, les feuilles sèches frémirent. Hors de la forêt approchait Baba Yaga, montée dans son mortier, qu'elle manœuvrait de son pilon en effaçant de son balai les traces de son passage.

Elle pousse la porte, s'arrête, et reniflant l'air tout autour d'elle, elle s'écrie : — Pouah! pouah! je sens la chair russe ici! Qui est-ce qui est ici?

Vassilissa s'approcha de la sorcière dans une terrible

frayeur, la salua très-bas et lui dit : — C'est moi, grand'-mère ; mes belles-sœurs m'ont envoyée vous demander de la lumière.

— Très-bien, dit Baba Yaga, je le sais ; si tu t'arrêtes chez moi quelque temps et que tu travailles pour moi, je te donnerai de la lumière ; mais si tu ne le fais pas, je te mangerai.

Alors, elle se tourne vers les portes et crie : « O toi, enceinte de ma demeure, sépare-toi ! Larges portes de ma demeure, ouvrez-vous ! » Les portes s'ouvrirent, et Baba Yaga entra en sifflant. Derrière elle suivait Vassilissa.

Tout se referma quand elles furent rentrées. Alors Baba Yaga s'étendit de toute sa longueur et dit à Vassilissa :

— Apporte-moi tout ce qu'il y a dans le four ; j'ai faim.

Vassilissa prit une étincelle à l'un des crânes qui étaient sur la haie, et commença à tirer de la viande du four et à la placer devant Baba Yaga.

Et il y avait assez de viande pour nourrir douze personnes ; puis du cellier elle rapporta du kwas, de l'hydromel, de la bière et du vin ; la sorcière mangea tout, but tout.

Tout ce qu'elle laissa pour Vassilissa fut quelques bribes : une croûte de pain et un morceau de cochon de lait ; alors, la Baba Yaga alla se coucher en disant :

— Quand je sortirai demain matin, souviens-toi de nettoyer la cour, de balayer la maison, de cuire le dîner, puis va au coffre où est le blé, prends quatre quartauts de froment et sépare-le de tout grain étranger, et souviens-toi qu'il faut que tu aies tout terminé. Si tu ne l'as pas fait, je te mangerai.

Après avoir donné ses ordres, Baba Yaga commença à ronfler ; mais Vassilissa mit les restes du souper de la sorcière devant sa poupée, fondit en larmes et dit : — Maintenant, petite poupée, mange et viens à mon secours. Baba Yaga m'a imposé une rude tâche et menace de me manger si je ne l'accomplis pas tout entière. Viens à mon secours.

La poupée répliqua : — Ne crains rien, belle Vassilissa ; soupe, dis tes prières et va te coucher ; le matin est plus sage que la veille.

Vassilissa se leva de bonne heure ; Baba Yaga était déjà debout. Elle regarda par la fenêtre, la lumière des yeux des crânes s'éteignait. Tout à coup, parut le blanc cavalier, et tout resplendit de lumière.

Baba Yaga sortit dans la cour et siffla. Devant elle apparut un mortier avec un pilon et un balai. Le cavalier rouge parut, le soleil se leva : Baba Yaga monta dans son mortier, sortit de la cour, s'élançant avec son pilon et effaçant ses traces avec son balai. Vassilissa resta seule ; puis elle examina la maison de Baba Yaga, fut émerveillée de l'abondance qui y régnait, et resta perdue dans ses pensées, en se demandant par quel ouvrage elle devait commencer.

Elle regarda. Tout son travail était prêt. La poupée avait nettoyé le froment jusqu'au dernier grain. — Ah !

ma libératrice, s'écrie Vassilissa, tu m'as tirée du danger.

— Tout ce que tu as à faire, maintenant, est de faire cuire le dîner, répondit la poupée en se glissant dans la poche de Vassilissa. Fais-le cuire bien vite, au nom du ciel ; puis prends quelque repos, dans l'intérêt de ta santé.

Vers le soir, Vassilissa apprêta la table et attendit Baba Yaga. Il commençait à faire obscur ; le noir cavalier apparut un moment à la porte, et tout devint sombre. Seulement, les yeux des crânes envoyèrent leur lumière, les arbres commencèrent à craquer, les feuilles à gémir.

Arrive Baba Yaga. Vassilissa alla à sa rencontre.

— Tout est-il fait ? dit Baba Yaga.

— Regardez vous-même, grand'mère, dit Vassilissa.

Baba Yaga examina chaque chose, fut vexée de ne rien trouver à reprendre, et dit : « Bien, bien, très-bien. » Après, elle s'écria : « Mes fidèles serviteurs, mes dévoués amis, écrasez-moi mon grain. »

Trois paires de mains apparurent qui rassemblèrent le froment et l'emportèrent hors de la vue.

Baba Yaga soupa, se mit au lit et donna de nouveau ses ordres à Vassilissa. Fais exactement demain ce que tu as fait aujourd'hui ; seulement, en outre, tire de ce coffre la graine de pavot que tu y trouveras, et enlève la terre qui est sur elle, grain par grain. Tu vois que quelqu'un y a mêlé par dépit un peu de terre.

Ayant dit cela, la sorcière se tourna contre le mur et commença à ronfler.

Quant à Vassilissa, elle se mit en devoir de faire manger sa poupée ; la poupée mangea, et puis répéta ce qu'elle avait dit la veille :

— Fais ta prière et va dormir ; le matin est plus sage que le soir ; tout sera fait à temps, chère Vassilissa.

Le lendemain, Baba Yaga sortit de nouveau de la cour dans son mortier ; Vassilissa et sa poupée firent immédiatement tout l'ouvrage.

La sorcière revint, examina chaque chose et cria :
— Mes fidèles serviteurs, mes dévoués amis, faites sortir l'huile de la graine de pavot !

Trois paires de mains parurent, rassemblèrent la graine de pavot et l'emportèrent loin de la vue. Baba Yaga se mit à dîner, elle mangea ; mais Vassilissa se tint silencieuse près d'elle.

— Pourquoi ne me parles-tu pas ? dit Baba Yaga. Tu restes là comme une muette.

— Je n'ose pas, répondit Vassilissa ; mais si vous me le permettez, je vous demanderai quelque chose.

— Demande vite ; seulement, toute question n'est pas bonne à faire. Désire savoir beaucoup et bientôt tu deviendras vieille.

— Je veux seulement vous questionner, grand'mère, sur quelque chose que j'ai vu.

— Comme je venais ici, j'ai rencontré un cavalier monté sur un cheval blanc, il était blanc lui-même et il était vêtu de blanc. Qui était-ce ?

— C'était mon jour brillant, répondit Baba Yaga.

— Ensuite, a passé un autre cavalier sur un cheval rouge, rouge lui-même, et avec des habits tout rouges. Qui était-ce?

— C'était mon soleil rouge, répliqua Baba Yaga.

— Et qui pouvait être le noir cavalier, grand'mère, qui a passé près de moi au seuil de votre maison?

— C'était ma nuit noire; ce sont tous de fidèles serviteurs à moi.

Vassilissa pensa bien aux trois paires de mains, mais elle resta silencieuse.

— Pourquoi ne m'interroges-tu plus? dit Baba Yaga.

— C'est assez pour moi, grand'mère. Vous avez dit vous-même : vouloir trop savoir, c'est vouloir vieillir.

— Tu as bien fait, dit Baba Yaga, de m'avoir seulement interrogée sur ce que tu as vu en dehors de ma demeure et non à l'intérieur. Je déteste que la boue qui est chez moi soit connue du dehors, et quant aux curieux, je les mange. Maintenant, je te demanderai quelque chose, à mon tour : Comment as-tu pu faire l'ouvrage que je t'ai donné?

— La bénédiction de ma mère est venue à mon secours, répliqua Vassilissa.

— Eh! eh! qu'est-ce que cela? Sors de ma maison, fille bénie, je n'aime pas les gens bénis.

Elle poussa Vassilissa hors de la chambre, la jeta à la porte, prit l'un des crânes aux yeux brillants de la haie, le fixa sur un bâton, le lui donna, et dit : Tiens-le bien, c'est une lumière que tu peux porter à tes belles-sœurs; c'est ce qu'elles t'ont envoyé chercher, je crois?

Vassilissa s'enfuit aussitôt vers sa demeure, éclairée par le crâne, qui ne s'évanouit qu'à l'approche de l'aurore; et enfin, sur le soir du deuxième jour, elle parvint à sa maison.

Quand elle arriva à la porte, elle fut sur le point de jeter le crâne. Assurément, pensa-t-elle, mes sœurs ne doivent plus avoir besoin de lumière, maintenant. Mais tout à coup, une voix caverneuse s'échappa du crâne en disant : — Ne me rejette pas; porte-moi à ta belle-mère.

Elle regarda la maison de sa belle-mère, et, n'y voyant de lumière à aucune croisée, elle se détermina à pénétrer avec le crâne.

Pour la première fois de sa vie, elle fut cordialement reçue par sa belle-mère et ses belles-sœurs, qui, lui contèrent que, depuis qu'elle était partie, elles n'avaient pas eu une seule étincelle de feu chez elles. Elles n'avaient pu allumer de lumière elles-mêmes par aucun moyen, et lorsqu'elles en rapportaient de chez un voisin, les lumières s'éteignaient dès qu'elles entraient dans la chambre.

— Peut-être ta lumière se conservera-t-elle? dit la belle-mère. Alors elles apportèrent le crâne dans la pièce où elles se tenaient. Mais les yeux du crâne dardèrent de telles flammes que la belle-mère et ses filles en furent éblouies. Elles voulurent se cacher, mais partout où elles couraient, partout les regards les poursuivaient. Au matin, elles étaient réduites en cendres.

Quant à Vassilissa, elle ne s'en trouva pas plus mal.

Le lendemain, Vassilissa enterra le crâne, ferma la maison, et se retira dans une ville voisine.

Bientôt elle commença à travailler, sa poupée lui fit un magnifique rouet. De telle sorte qu'à la fin de l'hiver, elle avait filé une quantité de toile si fine, qu'elle pouvait passer comme du fil à travers l'œil d'une aiguille. Au printemps, après qu'elle eut été blanchie, Vassilissa en fit présent à la vieille femme chez laquelle elle logeait. Celle-ci l'offrit au roi, qui ordonna d'en faire des chemises ; mais on ne put trouver aucune couturière pour les faire, jusqu'à ce que la toile fut confiée à Vassilissa.

Quand douze chemises furent prêtes, Vassilissa les envoya au roi, et aussitôt qu'elle vit partir son messager, elle se baigna, peigna sa chevelure, s'habilla et s'assit près de la fenêtre.

Avant peu arriva un messager lui demandant de venir aussitôt à la cour, et lorsque Vassilissa parut devant les yeux du roi, celui-ci en devint éperdument amoureux.

— Non, ma beauté, jamais je ne me séparerai de toi, tu seras ma femme. Puis il l'épousa.

Bientôt après, le père de Vassilissa revint et demeura avec eux. Vassilissa prit la vieille femme à son service ; et quant à la poupée, elle la porta jusqu'à la fin de sa vie dans sa poche.

LA SORCIÈRE

Il y avait une fois deux vieux époux.

Leur fils se nommait Ivasco.

On ne saurait dire combien ils le chérissaient.

Bien. — Un jour, Ivasco dit à son père et à sa mère :

— Je vais aller à la pêche, si vous le permettez.

— A quoi penses-tu ? tu es encore trop petit. Si tu te noyais, tu serais bien avancé.

— Non, non, je ne me noierai pas. Vous verrez, je vous apporterai du poisson. Laissez-moi aller.

Alors, sa mère lui mit une chemise blanche, noua une ceinture rouge autour de sa taille et le laissa partir.

Il monta dans un bateau et chanta :

> Canot, canot, flotte un peu plus loin !
> Canot, canot, flotte un peu plus loin !

Alors, le canot flotta plus loin et encore plus loin.

Ivasco commença à pêcher. Au bout de quelque temps, la vieille femme arriva en boitant près de la rivière et appela son fils :

— Ivasco ! Ivasco ! mon enfant, reviens, reviens au bord de l'eau ; je te donnerai à boire et à manger.

Et Ivasco dit :

> Canot, canot, flotte jusqu'au bord de l'eau ;
> C'est ma mère qui m'appelle !

Le bateau flotta jusqu'au rivage. La mère prit le poisson, donna à son garçon à boire et à manger, changea sa chemise et sa ceinture et le renvoya à sa pêche.

De nouveau, il s'assit dans son bateau et dit :

> Canot, canot, flotte un peu plus loin !
> Canot, canot, flotte un peu plus loin !

Alors, le canot flotta plus loin et encore plus loin.

Après quelque temps, le vieux père vint aussi en chancelant, jusqu'à la rive, et appela son fils :

— Ivasco ! Ivasco ! mon garçon !

> Flotte, flotte, jusqu'au bord de l'eau ;
> Je t'apporte à boire et à manger.

Le canot flotta jusqu'au rivage.

Le vieillard prit le poisson, donna à son garçon à boire et à manger, changea sa chemise et sa ceinture et le renvoya à sa pêche.

Mais une sorcière avait entendu ce que les parents d'Ivasco lui avaient crié, et elle résolut de s'emparer de l'enfant.

Alors, elle alla à la rive et cria d'une voix rauque :

> Ivasco ! Ivasco ! mon garçon, flotte, flotte, jusqu'au rivage
> Je te donnerai à boire et à manger.

Ivasco s'aperçut que cette voix n'était pas celle de sa mère, mais la voix d'une sorcière, et il chanta :

> Canot, canot, flotte un peu plus loin !
> Canot, canot, flotte un peu plus loin !
> Ce n'est pas ma mère, mais une sorcière qui m'appelle.

La sorcière comprit qu'elle devait appeler Ivasco avec la même voix que sa mère.

Alors elle alla chez un forgeron et lui dit :

— Forgeron ! forgeron ! fabrique-moi une voix aussi grêle que celle de la mère d'Ivasco ; si tu ne le fais pas, je te mangerai.

Alors, le forgeron lui forgea une petite voix comme celle de la mère d'Ivasco.

Puis la sorcière descendit de nuit au rivage et chanta :

> Ivasco ! Ivasco ! mon garçon,
> Flotte, flotte, jusqu'au bord de l'eau ;
> Je t'apporte à boire et à manger.

Ivasco vint. Elle prit le poisson, se saisit de l'enfant et l'emporta chez elle.

Quand elle arriva, elle dit à sa fille Alinka :

— Chauffe le poêle aussi chaud que tu pourras et fais bien cuire Ivasco. Pendant ce temps, j'irai inviter nos amis pour la fête.

Alors, Alinka chauffa le poêle plus chaud et encore plus chaud, et elle dit à Ivasco :

— Viens ici et assieds-toi sur cette pelle.

— Je suis encore très-jeune et très-maladroit, répondit Ivasco ; mon esprit n'est pas encore développé. Je t'en prie, apprends-moi comment on s'assied sur une pelle.

— Volontiers, dit Alinka. Ce ne sera pas long à t'apprendre.

Mais dès qu'elle fut assise sur la pelle, Ivasco la précipita dans le four et ferma la plaque de fer; puis il s'enfuit de la hutte, ferma la porte et grimpa précipitamment au plus haut d'un chêne.

Alors, la sorcière arriva avec ses hôtes et frappa à la porte de la cabane.

Mais personne ne lui ouvrit.

— Ah! cette maudite Alinka, où est-elle? Elle est sortie sans doute s'amuser quelque part.

Puis elle sauta par la fenêtre, alla ouvrir la porte, et introduisit ses hôtes.

Ils se mirent tous à table.

La sorcière ouvrit le four, retira le corps d'Alinka et le servit.

Tous mangèrent leur content et burent de même.

Après quoi, ils sortirent dans la cour et commencèrent à se rouler sur l'herbe.

— Je tourne! je me roule! après m'être nourrie de la chair d'Ivasco! cria la sorcière.

— Je tourne! je me roule! après m'être nourrie de la chair d'Ivasco!

Mais Ivasco lui cria du haut de son chêne :

— Tourne! roule-toi! tu t'es nourrie de la chair d'Alinka!

— Qu'entends-je? dit la sorcière.

Non ! je n'ai rien entendu, ce n'était que le bruit des feuilles !

Et la sorcière répéta :

— Je tourne ! je me roule ! m'étant nourrie de la chair d'Ivasco !

Et Ivasco riposta :

— Tourne ! roule-toi ! tu t'es nourrie de la chair d'Alinka.

Alors la sorcière leva la tête et aperçut Ivasco.

Et aussitôt elle se précipita vers le chêne sur lequel Ivasco était perché et commença à le ronger.

Et elle rongea, rongea, rongea, jusqu'à ce qu'enfin elle se brisa deux dents de devant.

Alors, elle courut à une forge, et quand elle y fut, elle cria :

— Forgeron ! forgeron ! fabrique-moi des dents de fer. Si tu ne le fais pas, je te mangerai.

Alors le forgeron lui forgea des dents de fer.

La sorcière revint et recommença à ronger le chêne.

Elle rongea, rongea et était sur le point d'abattre le chêne, quand Ivasco sauta dans un autre arbre qui était voisin.

Le chêne que la sorcière avait rongé tombe avec fracas sur la terre.

Mais, alors, elle vit qu'Ivasco était grimpé dans un autre arbre.

Alors elle grinça des dents de dépit et se remit à l'ouvrage, pour ronger aussi cet arbre.

Elle rongea, et rongea, et rongea, se brisa deux dents d'en bas et courut à la forge.

— Forgeron! forgeron! cria-t-elle en arrivant. Fais-moi des dents de fer, sinon je te mangerai.

Le forgeron lui forgea encore deux dents de fer.

Elle revint et recommença encore à ronger le chêne.

Ivasco ne savait plus que faire. Il regarda autour de lui et aperçut des cygnes et des oies qui volaient près de lui.

Alors il les implora ainsi :

— O mes oies et mes cygnes, prenez-moi sur vos ailes!
Portez-moi à mon père et à ma mère!
A la cabane de mon père et de ma mère,
Pour y manger, pour y boire et y vivre dans la joie.

— Que nos camarades qui volent derrière nous vous prennent, dirent les oiseaux.

Ivasco attendit. Une seconde troupe passa, il les implora de nouveau :

— O mes oies et mes cygnes, prenez-moi sur vos ailes!
Portez-moi à mon père et à ma mère!
A la cabane de mon père et de ma mère,
Pour y manger, pour y boire et y vivre dans la joie.

— Que ceux qui sont à l'arrière-garde vous portent, dirent les oiseaux.

Il attendit encore. Une troisième troupe s'approcha et il cria :

— O mes oies et mes cygnes, prenez-moi sur vos ailes !
Portez-moi à mon père et à ma mère !
A la cabane de mon père et de ma mère.
Pour y manger, pour y boire et y vivre dans la joie.

Et les oies et les cygnes le prirent et l'emportèrent, en volant, à la chaumière de son père, et le déposèrent dans le grenier.

De bonne heure, le lendemain, sa mère se mit à l'œuvre pour cuire des crêpes. Elle les fit frire, et tout à coup, pensant à son garçon :

— Où est mon Ivasco? s'écria-t-elle ; je voudrais le voir, fût-ce seulement dans un rêve.

Alors, son père dit :

— J'ai rêvé que des oies et des cygnes avaient ramené notre Ivasco sur leurs ailes.

Et quand elle eut fini de cuire ses crêpes, elle dit :

— Maintenant, vieillard, partageons les gâteaux.

— En voici un pour toi, père ; voici pour moi ; voici pour toi, père ; voici pour moi.

— Comment! il n'y a rien pour moi? cria Ivasco.

— Voici pour toi, père, répéta la vieille femme ; voici pour moi.

— Et rien pour moi? répéta l'enfant.

— Eh! vieillard, dit la femme, va donc voir ce qu'il y a là-haut.

Le père grimpa dans le grenier, et il y trouva Ivasco. Les deux bons vieux furent remplis de joie et demandèrent à leur garçon de leur conter tout ce qui s'était passé.

Et depuis lors, Ivasco et ses parents vécurent heureusement.

———

LA SORCIÈRE ET LA SŒUR DU SOLEIL.

Dans une contrée éloignée vivaient autrefois un roi et une reine. Ils n'avaient qu'un fils : le prince Ivan, muet dès sa naissance.

Un jour, quand il eut douze ans, il entra dans l'écurie pour voir un jeune palefrenier qui était son grand ami. Ce palefrenier avait coutume de lui raconter des histoires. C'est pourquoi le prince Ivan allait le trouver à cette heure. Mais il n'attendait guère l'histoire qui lui fut contée.

— Prince Ivan, dit le palefrenier, votre mère aura bientôt une fille et vous une sœur. Elle sera une terrible sorcière; elle mangera son père, sa mère et tous leurs sujets. Je vous engage donc à aller demander à votre père son meilleur cheval, comme pour faire un temps de galop, et si vous voulez éviter le triste sort qui vous menace, fuyez partout où vos yeux vous conduiront.

Le prince Ivan se rendit aussitôt près de son père, et pour la première fois de sa vie commença à lui parler. Le roi fut d'autant plus heureux qu'il n'avait jamais pensé à demander à son fils s'il désirait un bon cheval.

Il fit donc immédiatement seller pour le prince le meilleur cheval de son écurie.

Le prince Ivan l'enfourcha aussitôt et s'éloigna sans s'inquiéter où il allait.

Longtemps, longtemps il marcha. A la fin, il rencontra deux vieilles femmes qui cousaient ensemble; il les pria de consentir à ce qu'il habitât avec elles. Mais elles répondirent :

— Ce serait volontiers, prince Ivan; mais il ne nous reste que peu de temps à vivre. Aussitôt que nous aurons brisé ce paquet d'aiguilles et que nous aurons usé ce paquet de fil, à cet instant nous mourrons.

Le prince Ivan fondit en larmes et s'éloigna.

Longtemps, longtemps, il chevaucha. A la fin, il arriva près de la demeure du géant Vertodub le bûcheron, et il le supplia en disant :

— Veux-tu que je demeure avec toi?

— J'y consentirais volontiers, prince Ivan, répliqua le géant; mais il ne me reste que peu de temps à vivre. Dès que j'aurai arraché ces arbres jusqu'aux racines, aussitôt la mort m'emportera.

Le prince, de plus en plus triste, remonta à cheval et poursuivit sa route. Puis il arriva près de la demeure du géant Vertogor le niveleur, et lui fit la même prière; mais celui-ci répliqua :

— Volontiers j'aurais accueilli ta demande, prince Ivan; mais je n'ai moi-même que très-peu de temps à vivre. Je ne suis ici, tu le sais, que pour aplanir les montagnes. Aussitôt que j'aurai achevé ma tâche en nivelant la colline que tu vois près d'ici, la mort viendra pour moi.

Le prince Ivan répandit un flot de larmes amères et chevaucha encore plus loin. Longtemps, longtemps il chevaucha. Enfin, il atteignit la demeure de la Sœur du Soleil. Elle le reçut dans sa maison, lui donna à boire et à manger, et le traita comme son fils.

Le prince y menait une vie douce et agréable.

Mais rien ne pouvait le distraire de son chagrin. Il désirait tant savoir ce qui se passait chez lui!

Souvent il montait au sommet d'une haute montagne, et là il demeurait en contemplation en apercevant de loin le palais où il avait passé son enfance. Il y put voir que tout avait été mangé; il n'y restait que les murailles nues.

Alors il soupirait et pleurait. Une fois, à son retour, après avoir ainsi regardé et gémi, la Sœur du Soleil lui demanda :

— Qui rend tes yeux si rouges aujourd'hui, prince Ivan?

— C'est le souffle du vent, dit-il.

Il en fut de même une seconde fois.

Alors, la Sœur du Soleil ordonna au vent de cesser de souffler. Une troisième fois, le prince Ivan revint la figure toute bouffie; alors, ne pouvant plus donner le même prétexte, il se vit forcé de tout avouer et de demander à la Sœur du Soleil la permission de partir, afin de satisfaire sa curiosité au sujet de l'antique demeure de ses parents. Elle refusa d'abord de le laisser s'éloigner, mais il ne cessa de la prier de toutes ses forces.

Tellement qu'à la fin, il la persuada, et elle lui permit d'aller s'informer de ce qui s'était passé chez lui. Toutefois, au moment de son départ, elle lui donna pour le voyage une brosse, un peigne et deux pommes de jeunesse : « Quelque vieux que soit celui qui mange une de ces pommes, il redevient jeune à l'instant », lui dit-elle.

Alors, le prince Ivan se rendit chez Vertogor.

Le géant n'avait plus qu'une seule montagne à niveler. Le prince prit donc sa brosse et la jeta dans la vaste plaine. Immédiatement, il s'éleva de terre, Dieu sait comment, des montagnes si hautes que leurs sommets touchaient le ciel !

Et leur nombre était si grand qu'il y en avait plus que l'œil n'en pouvait compter ! Vertogor s'en réjouit fort et se remit joyeusement à l'ouvrage.

Ensuite, le prince Ivan alla à la demeure de Vertodub et vit qu'il ne restait plus au géant que trois arbres à déraciner. Alors, le prince prit le peigne et le jeta sur la vaste plaine. Soudain, de tous côtés, on entendit un bruissement d'arbres, d'épaisses forêts de chênes s'élevèrent de terre, tous plus grands les uns que les autres ! Vertodub se réjouit, remercia le prince et se remit à déraciner les vieux chênes.

A force de marcher, le prince Ivan parvint à la demeure des vieilles femmes, et à chacune il fit présent d'une pomme. Elles la mangèrent, et sur-le-champ redevinrent jeunes. A leur tour elles donnèrent au prince un mouchoir :

— Vous n'aurez qu'à agiter ce mouchoir pour que derrière vous s'étende aussitôt un lac.

Enfin, le prince Ivan atteignit son palais. Sa sœur vint en courant à sa rencontre et le combla de caresses.

— Assieds-toi, mon frère, dit-elle ; joue un air sur ce luth, pendant que j'irai faire apprêter le dîner.

Le prince s'assit et pinça du luth. Alors, une souris sortit d'un trou et lui dit avec une voix humaine :

— Prince, sauvez-vous ! Fuyez vite, votre sœur est allée aiguiser ses dents pour vous mieux dévorer !

Le prince Ivan s'enfuit sans plus attendre, sauta sur son cheval et reprit au galop la route par laquelle il était venu. Pendant ce temps, la souris allait courant sur les cordes du luth ; la sœur entendant résonner les cordes, ne se douta pas que son frère était parti.

Quand elle eut bien aiguisé ses dents, elle fondit dans la chambre ; mais, hélas ! personne n'y était plus ; elle n'aperçut rien que la souris qui se blottissait dans son trou. La sorcière devint furieuse, grinça des dents et s'élança à la poursuite de son frère.

Le prince Ivan entendit un grand bruit et tourna la tête. C'était sa sœur qui le poursuivait. Alors, il agita son mouchoir, et un grand lac s'étendit derrière lui.

Tandis que la sorcière fendait l'eau, le prince Ivan prit une longue avance. Mais la sorcière hâtait de plus en plus sa course ; bientôt elle fut près de son frère.

Mais Vertodub, voyant que le prince fuyait devant sa sœur, commença à déraciner les chênes et à barrer la route ; il y entassa une vraie montagne, de sorte que la sorcière ne pouvait passer. Alors, elle essaya de s'ouvrir un chemin ; elle rongea, rongea, et à la fin, après un dur travail, elle parvint à se frayer une route. Mais profitant du répit, le prince Ivan était déjà bien loin en avant.

La sorcière recommença avec acharnement sa poursuite ; sans relâche, elle donna la chasse à son frère. Encore un peu, et le prince ne pouvait échapper ; mais Vertogor épiait la sorcière. Alors, saisissant les plus hautes de toutes ses montagnes, il les renversa d'une masse sur le chemin ; puis au sommet de la plus élevée, il en dressa une seconde.

Pendant que la sorcière grimpait et dégringolait, le prince Ivan marchait et marchait, et se trouvait toujours bien loin en avant. Enfin, la sorcière franchit la montagne et continua à poursuivre son frère. De temps en temps elle l'apercevait et criait :

— Tu ne m'échapperas pas, cette fois !

Et elle s'approchait, et elle était sur le point de le saisir.

A ce moment, le prince Ivan atteignit la demeure de la Sœur du Soleil, et il s'écria :

— Soleil, soleil, ouvre la fenêtre !

La Sœur du Soleil ouvrit la fenêtre, et le prince Ivan y bondit, cheval et cavalier.

Alors, la sorcière commença à demander que son

frère lui fût livré pour être châtié. La Sœur du Soleil ne voulut pas l'écouter ni lui livrer son frère. Alors la sorcière dit :

— Que le prince Ivan soit pesé avec moi, nous verrons quel est le plus lourd. Si je suis plus pesante que lui, je le mangerai ; mais s'il l'emporte, qu'il me tue.

C'est ce qui fut fait. Le prince Ivan monta le premier dans un des plateaux ; la sorcière entra aussitôt dans l'autre ; mais elle n'y eut pas plutôt mis le pied, que le prince Ivan fut lancé dans l'air avec une telle force qu'il monta droit dans le ciel et dans la chambre de la Sœur du Soleil.

Quant à la sorcière, elle resta étendue fracassée sur la terre.

L'ESPRIT DU MAL

LIKHO LA BORGNE

Il y avait une fois un forgeron.

— Eh bien, dit-il, mes yeux n'ont jamais vu le Mal. On dit cependant qu'il existe dans le monde un esprit du Mal. Je veux aller à sa recherche.

Puis il but un bon coup et partit.

Sur la route il rencontra un tailleur. — Bonjour! dit le tailleur.

— Bonjour !

— Où vas-tu ? demanda le tailleur.

— Eh ! frère, chacun dit que le Mal est sur la terre; je ne l'ai jamais vu; c'est pourquoi je vais à sa recherche.

— Allons-y ensemble ! Je suis un homme heureux, moi aussi, et je n'ai jamais vu le Mal; allons voir ce que c'est.

Bien. — Ils marchèrent et marchèrent jusqu'à ce qu'ils atteignirent enfin une sombre et épaisse forêt. Ils y trouvèrent un petit sentier; ils le suivirent. Ils marchèrent et marchèrent le long du sentier, et à la fin ils aperçurent devant eux une grande chaumière.

La nuit était venue, et nul abri ne s'offrait à eux.

— Voyons ! dirent-ils, entrons dans cette chaumière. Ils y entrèrent et la trouvèrent vide. Tout paraissait nu et misérable. Ils étaient là, assis depuis quelque temps, quand tout à coup entra une grande femme, maigre, difforme, avec un seul œil.

— Ah ! dit-elle, j'ai des visites. Bonjour !

— Bonjour, grand'mère, nous venons passer la nuit sous votre toit.

— Très-bien, j'aurai quelque chose pour mon souper.

Ces paroles les remplirent de terreur. Quant à la sorcière, elle alla chercher un grand monceau de fagots. Quand elle l'eut apporté, elle le jeta dans le poêle et y mit le feu. Puis elle se dirigea vers les deux hommes, en prit un, — le tailleur, — lui coupa la tête, le troussa comme un poulet et le mit au four. Pendant ce temps, le forgeron restait assis, se disant : Que faire ? comment sauver ma vie ?

Quand la sorcière eut fini de souper, le forgeron regarda le four et dit : — Grand'mère, je suis forgeron.

— Eh bien, qu'est-ce que tu peux forger ?

— Tout.

— Fais-moi un œil.

— Bien, dit-il ; mais avez-vous une corde ? Il faut que je vous attache, ou vous ne resterez pas tranquille. Il faut que je vous enfonce votre œil.

La sorcière alla chercher deux cordes, l'une un peu faible, l'autre plus forte. Alors, le forgeron la lia avec la plus faible.

— Maintenant, grand'mère, dit-il, essayez de vous délivrer. Elle se tourna, se retourna et parvint à briser la corde.

— Cela ne va pas, grand'mère, dit-il ; cette corde ne fait pas l'affaire.

Le forgeron prit alors la grosse corde, et cette fois attacha solidement la sorcière.

— Maintenant donc, essayez de vous débarrasser, grand'mère. dit-il. Alors, elle se tordit, mais sans parvenir à briser la corde.

Alors, le forgeron saisit un grand clou, le chauffa au rouge et l'appliqua à l'œil de la sorcière, — celui qui était bon. — En même temps il saisit une hachette et frappa vigoureusement avec le dos contre le clou ! La sorcière lutta de toutes ses forces et brisa la corde. Puis elle se leva et s'assit au seuil de sa maison :

— Ah ! coquin, cria-t-elle, tu ne m'échapperas pas maintenant.

Le forgeron s'aperçut qu'il était dans une triste situation. Il alla s'asseoir dans un coin, en disant : « Que faire ? »

Bientôt, l'un après l'autre, les moutons revinrent des champs, et la sorcière les fit entrer dans sa demeure pour y passer la nuit.

Bien. — Le forgeron passa aussi la nuit dans la chaumière.

Au matin, Likho se leva pour faire sortir ses moutons ; alors, le forgeron prit sa pelisse en peau de mouton, mit le dedans dehors, de telle sorte que la laine était dessus; puis il passa ses bras à travers les manches, appliquant avec soin la peau sur son corps et se traîna vers la sorcière, tout comme s'il avait été un mouton. Likho laissa sortir ses bêtes une à une, passant à chacune la main sur le dos, pour savoir si c'était bien de la laine, et après la poussait dehors. Alors, le forgeron se glissa à la suite des moutons. La sorcière sentant de la laine sur son dos le poussa dehors. Mais dès qu'il eut franchi la porte, il se dressa sur ses pieds et cria : — Adieu, Likho, j'ai souffert beaucoup de mal dans vos mains. Maintenant, vous ne pouvez plus rien contre moi :

— Attends un peu, répliqua-t-elle, tu n'en souffriras que davantage; tu ne m'as pas encore échappé.

Le forgeron retourna à travers la forêt, le long de l'étroit sentier. Tout à coup, il aperçut une hache à la poignée d'or fixée dans un arbre, et il éprouva un violent désir de s'en emparer.

Bien. — Il saisit la hache, et sa main y resta attachée. Que faire ? Pas moyen de se délivrer. Il jeta un regard derrière lui. Et voilà Likho qui s'approchait en lui criant :

— Ah! coquin, tu n'es pas encore parti ?

Le forgeron tira un petit couteau qu'il avait dans sa poche et commença à hacher sa main; il la coupa net et s'enfuit.

Quand il fut arrivé à son village, il montra à tous son bras comme preuve qu'à la fin il avait vu Likho.

— Voyez, disait-il, ce qui arrive quand on court après le Mal. Moi, j'ai perdu ma main; et pour mon camarade, il a été mangé tout entier!

LE MALHEUR

Dans un certain village vivaient deux paysans, deux frères; l'un d'eux était riche, l'autre était pauvre. Le riche s'en alla vivre à la ville, se fit bâtir une grande maison et entra dans la corporation des marchands. Pendant ce temps, le pauvre homme restait quelquefois sans un morceau de pain pour lui et pour ses enfants, — tous en bas âge, — et qui criaient la faim. Du matin au soir, le paysan luttait contre le sort, comme un poisson qui essaie de se frayer un chemin à travers la glace; — mais rien ne lui réussissait.

Enfin, un jour il dit à sa femme :

— Si j'allais à la ville demander à mon frère s'il ne veut pas faire quelque chose pour nous secourir?

Il alla donc trouver le riche et lui dit :

— Ah! frère, aide-moi un peu dans ma peine. Ma femme et mes enfants sont sans pain; voilà plusieurs jours qu'ils n'ont mangé.

— Travaille pour moi cette semaine, et je te secourrai, dit son frère.

Qu'y avait-il à faire? Le pauvre diable se mit à l'ouvrage, balaya la cour, nettoya les chevaux, alla chercher de l'eau, fendit le bois.

Au bout de la semaine, le riche lui donna un pain, et dit :

— Voici pour ton ouvrage.

— Je te remercie tout de même, dit plaintivement le pauvre diable en le saluant et s'apprêtant à partir.

— Attends un peu! viens dîner avec moi demain, et amène aussi ta femme : demain, c'est le jour de ma fête, tu sais?

— Ah! frère, comment faire? tu sais très-bien que tu dois recevoir des marchands qui auront aux pieds des bottes, et sur les épaules des pelisses, tandis que moi je n'ai que des souliers éculés et un misérable vieux caftan gris.

— Cela ne fait rien; viens, viens! Il y aura de la place même pour toi.

— Très-bien, frère, je viendrai.

Le pauvre homme rentra chez lui, donna le pain à sa femme, et dit:

— Écoute, femme! nous sommes invités à une réjouissance pour demain.

— Qu'est-ce que tu veux dire avec ta réjouissance? qui est-ce qui peut nous inviter?

— C'est mon frère; il célèbre demain son jour de fête.

— Bon, bon, allons-y.

Le lendemain ils se levèrent et allèrent à la ville ; ils se rendirent à la maison du riche, lui offrirent leurs compliments et allèrent s'asseoir sur un banc.

A la table étaient déjà assis un grand nombre des invités.

Leur hôte les fêta de son mieux ; mais il ne songea même pas à son pauvre frère et à sa femme ; il ne leur offrit quoi que ce soit.

Les pauvres diables restèrent dans leur coin à regarder tristement les autres boire et manger.

Le dîner vint à sa fin ; les convives se levèrent de table et exprimèrent leurs remerciments à leur hôte et à leur hôtesse. Le pauvre homme fit de même, il se leva de son banc et s'inclina devant son frère jusqu'à sa ceinture. Les convives s'éloignèrent de la maison pleins de boisson et de gaieté, en riant et en chantant des chansons ; quant au pauvre diable, il dut s'en retourner le ventre vide.

— Si nous chantions aussi ! dit-il à sa femme.

— Quelle folie ! dit-elle ; ces gens chantent parce qu'ils ont fait un bon repas, qu'ils ont bu tout leur soûl ; mais nous, pourquoi chanterions-nous ?

— N'ai-je pas été invité comme les autres au jour de fête de mon frère ? J'ai honte de m'en aller ainsi à pied sans chanter. Si je chante, tout le monde croira que j'ai été festoyé comme les autres.

— Chante donc si cela t'amuse ; mais tu chanteras tout seul.

Le paysan entonna une chanson.

Soudain il entendit une voix se joindre à la sienne.

Alors il s'arrêta et demanda à sa femme :

— Est-ce toi qui essaies de chanter avec cette voix grêle?

— A quoi penses-tu? je n'en ai jamais eu la moindre envie.

— Qui est-ce alors?

— Je ne sais pas, dit la femme, mais recommence à chanter et j'écouterai.

Le paysan recommença sa chanson.

Il n'y avait qu'une personne qui chantât et cependant on entendait deux voix.

Alors le paysan s'arrêta et demanda :

— Malheur! est-ce toi qui m'accompagnes en chantant?

— Oui, maître, répondit le Malheur; c'est moi qui t'accompagne.

— Eh bien, donc, Malheur, marchons ensemble.

— Très-bien, maître; je ne te quitterai jamais.

Quand le paysan fut de retour chez lui, le Malheur lui conseilla d'aller au cabaret.

— Je n'ai pas d'argent, dit l'homme.

— Tu en as sur toi, moujik. Que demandes-tu? de l'argent? N'as-tu pas une jaquette en peau de mouton? à quoi bon? Voici bientôt l'été, tu n'as pas besoin de porter un pareil vêtement. Défais-toi de ta jaquette, et nous irons au cabaret.

Le paysan alla donc avec Malheur au cabaret, et tous deux eurent bientôt bu la peau de mouton.

Le lendemain, Malheur, la tête encore endolorie de l'ivresse de la veille, commença à grogner et emmena boire de nouveau le maître de la maison.

— Je n'ai pas d'argent, dit le paysan.

— Qu'as-tu besoin d'argent? Prends la charrette et le traîneau, nous serons assez riches sans eux.

Il n'y avait pas à résister.

Le paysan ne pouvait pas se débarrasser du Malheur; il prit donc la charrette et le traîneau, les traîna au cabaret, et, là, lui et le Malheur les eurent bientôt bus.

Le lendemain, Malheur continua à grogner plus fort que la veille et engagea le maître de la maison à aller boire et à se livrer à la débauche. Cette fois, le paysan but sa charrue et sa herse.

Un mois n'était pas écoulé que le malheureux s'était défait de tout ce qu'il possédait, même de sa propre chaumière; il l'engagea à un voisin, et l'argent qu'il en eut, il le porta au cabaret.

Une dernière fois encore, le Malheur s'attache à lui et dit :

— Allons, allons au cabaret!

— Non, non, Malheur! Tout cela est très-bien; mais il ne me reste plus rien à vendre.

— Qu'est-ce que tu dis là? Ta femme n'a-t-elle pas deux jupons? Laisse-lui-en un, nous changerons l'autre en boisson.

Le paysan prit le jupon, le but et se dit à lui-même :

— Nous sommes tout à fait ruinés, ma femme aussi bien que moi; il ne nous reste ni un bâton ni une pierre.

Le lendemain matin, le Malheur vit, en s'éveillant, qu'on ne pouvait plus rien tirer du paysan. Alors, il dit :

— Maître?

— Hé bien, Malheur?

— Vois donc, va chez ton voisin et demande-lui de te prêter une charrette et une paire de bœufs.

Le paysan se rendit chez le voisin.

— Sois assez bon pour me prêter une charrette et une paire de bœufs pour peu de temps, dit-il; en retour, je te ferai une semaine d'ouvrage.

— Mais qu'en veux-tu faire?

— Je veux aller à la forêt, chercher du bois à brûler.

— Soit. Prends les bœufs; seulement, ne les fatigue pas trop.

— Comment peux-tu penser une telle chose, cher ami?

Le paysan emmena donc la paire de bœufs, et le Malheur monta avec lui dans le chariot, qu'ils conduisirent à travers la plaine.

— Maître, demanda Malheur, connais-tu une large pierre dans cette plaine?

— Sans doute.

— Eh bien, donc, puisque tu la connais, conduis-nous-y tout droit.

Ils arrivèrent au lieu où elle était, arrêtèrent le chariot et en descendirent. Le Malheur dit au paysan de lever la pierre; le paysan la leva, le Malheur l'aidant. Puis, quand ils l'eurent levée, ils aperçurent une fosse toute remplie d'or.

— Qu'as-tu donc à rester là ébahi? dit le Malheur au paysan. Fais vite et emporte l'or dans le chariot.

Le paysan se mit à l'ouvrage et remplit d'or le chariot. Il nettoya la fosse jusqu'au dernier ducat. Quand il vit qu'il ne restait plus rien, il s'écria :

— Eh bien, Malheur, jette donc aussi un regard dans la fosse. N'y ai-je pas laissé quelque argent?

— Où cela? dit le Malheur en se penchant; je ne peux rien voir.

— Mais si... là; ne vois-tu pas quelque chose qui brille dans ce coin?

— Je ne vois rien, je t'assure, dit le Malheur.

— Descends dans la fosse; tu verras mieux, alors!

Le Malheur y sauta; mais il n'y fut pas plutôt que le paysan ferma l'ouverture de la fosse avec la pierre.

— Les choses iront mieux comme cela, dit le paysan. Si je te ramenais à la maison avec moi, ô misérable Malheur! tôt ou tard nous finirions par boire aussi tout cet argent.

Le paysan rentra chez lui; il déchargea l'argent dans le cellier, rendit les bœufs à son voisin et se mit à réfléchir sur la conduite à tenir. Il se détermina à acheter un bois, à se bâtir une grande maison, et il devint deux fois aussi riche que son frère.

Après quelque temps, il alla à la ville et il invita son frère et sa belle-sœur à venir célébrer chez lui le jour de sa fête.

— Quelle idée! dit son riche frère; tu n'as rien à manger et tu demandes aux gens de venir chez toi célébrer ton jour de fête?

— Eh bien, il fut un temps où je n'avais rien à manger; mais maintenant, Dieu merci, j'ai autant d'argent que toi; si tu viens, tu le verras bien toi-même.

— Soit, je viendrai, dit son frère.

Le lendemain, le riche frère et sa femme s'apprêtèrent et se rendirent à la réunion. Ils purent voir que l'ancien mendiant s'était acheté une nouvelle maison, fort belle, ma foi, et telle que peu de marchands en ont; et le moujik les traita avec hospitalité, les régala de toutes sortes de plats, leur donna toutes sortes d'hydromel et de liqueurs à boire. A la fin, le riche demanda à son frère :

— Conte-moi donc par quel heureux hasard tu es devenu riche.

Le paysan lui raconta à cœur ouvert comment le misérable Malheur s'était attaché à lui; comment tous deux avaient bu tout ce qu'il possédait jusqu'à la dernière nippe, de telle sorte qu'il ne lui restait plus rien que son âme dans son corps. Il raconta comment le Malheur lui avait montré un trésor dans la plaine ouverte; comment il s'était emparé du trésor; comment par-dessus le marché, il s'était débarrassé du Malheur.

Le riche devint jaloux.

— Si j'allais aussi dans la plaine ouverte, pensa-t-il, et qu'après avoir levé la pierre, je fisse sortir le Malheur!

Certainement son premier soin sera de faire périr mon frère, et celui-ci ne viendra plus alors me vanter ses richesses à mon nez, à ma barbe.

Alors, le riche renvoya sa femme; quant à lui, il se dirigea en toute hâte vers la plaine. Quand il fut arrivé à la large pierre, il la poussa de côté et s'agenouilla pour voir ce qu'il y avait dessous. Il avait à peine baissé la tête que le Malheur sauta hors de la fosse et se campa sur ses épaules.

— Ah! cria-t-il, tu as voulu me faire mourir de faim ici! Non, non, maintenant, sous aucun prétexte je ne me séparerai de toi.

— Écoute-moi un peu, Malheur, dit le marchand, ce n'est pas moi du tout qui t'ai fourré sous la pierre.

— Qui était-ce donc, si ce n'est pas toi?

— C'est mon frère qui t'y a mis; moi je suis venu, au contraire, afin de te tirer de là.

— Non, non, c'est un mensonge! Tu m'as trompé une fois, tu ne me tromperas pas deux.

Le Malheur serra le riche marchand par le cou; l'homme dut l'emporter chez lui, et de ce moment tout commença à aller mal.

Dès le premier jour, le Malheur commença à jouer son jeu accoutumé. Chaque jour il poussait le marchand à recommencer à boire. Ses richesses s'en allaient rapidement au cabaret.

— Je ne peux pas vivre comme cela, dit le marchand en lui-même ; j'ai assez porté comme cela le Malheur. Il est temps de m'en débarrasser ; mais comment ?

Il réfléchit, réfléchit, et s'arrêta à une idée. Il alla dans sa grande cour et tailla deux coins en chêne, prit une roue neuve et enfonça fortement un des coins dans un côté du moyeu. Puis il alla trouver le Malheur :

— Eh ! Malheur ! pourquoi restes-tu étendu là comme un paresseux ?

— Pourquoi pas ? qu'est-ce que j'ai à faire ?

— Ce que tu as à faire ? viens dans la cour, nous jouerons à cache-cache.

Le Malheur approuva l'idée ; tous deux passèrent dans la cour.

Le marchand se cacha le premier. Le Malheur le trouva tout de suite ; ce fut alors au tour du Malheur de se cacher.

— Maintenant, dit le Malheur, tu ne me trouveras pas si vite. Il n'y a pas une crevasse dans laquelle je ne puisse entrer.

Le marchand répondit : — Va donc ; tu ne peux seulement te glisser dans cette roue et tu parles de te cacher dans une fente !

— Je ne peux me glisser dans cette roue ? tu vas voir si je ne peux pas y disparaître à tes yeux.

Le Malheur se coula dans la roue, le marchand saisit l'autre coin de chêne et l'enfonça de l'autre côté du moyeu. Puis il saisit la roue et la jeta dans la rivière avec le Malheur. Le Malheur se noya et le marchand recommença à vivre comme il avait accoutumé de le faire autrefois.

MÈRE VENDREDI

Il y avait une fois une femme qui ne rendait pas à la mère Vendredi le respect qui lui était dû.

Elle se mit à travailler à une quenouille pleine de lin, qu'elle peignait et tournait. Elle fila jusqu'au moment de dîner; puis, tout à coup, le sommeil tomba sur elle; un profond sommeil.

Et quand elle fut endormie, la porte s'ouvrit soudain, et elle vit entrer mère Vendredi, en présence de tous les assistants, vêtue d'un habit blanc, et dans une rage!

Et Vendredi alla droit à la femme qui avait filé, puis, ramassant par terre une poignée de la poussière qui était tombée de la quenouille, elle commença à en boucher les yeux de la femme, de manière qu'ils en étaient tout pleins.

Et quand elle les eut bouchés tout à fait, elle s'en alla furieuse et disparut sans dire un mot.

Quand la femme s'éveilla, elle se mit à crier de toutes ses forces au sujet de ses yeux, mais sans pouvoir dire ce dont il s'agissait.

Les autres femmes, qui avaient eu terriblement peur, commencèrent à crier:

— O malheureuse, vous vous êtes attiré une terrible punition de mère Vendredi.

Puis elles lui racontèrent ce qui s'était passé.

Elle écouta tout ce qu'elles disaient et elle commença à prier:

— Mère Vendredi, pardonne-moi! pardonne-moi! Je suis coupable. Je t'offrirai un cierge et je ne permettrai jamais à un ami ou à un ennemi de te déshonorer, ô ma mère!

Or que pensez-vous qu'il arriva?

Pendant la nuit, mère Vendredi revint et enleva la poussière des yeux de cette femme; si bien qu'il lui devint possible de travailler de nouveau.

C'est un grand péché de déshonorer mère Vendredi, en peignant et tournant la quenouille!

MERCREDI

Une jeune ménagère filait un soir, fort tard.

C'était pendant la nuit du mardi au mercredi.

Elle était déjà seule depuis longtemps, et après minuit, quand le coq chanta pour la première fois, elle éprouva le besoin d'aller se coucher.

Seulement, elle aurait bien voulu terminer l'écheveau qu'elle tenait à la main.

— Eh bien, pensa-t-elle, je me lèverai demain d'un peu meilleure heure; mais, pour le moment, ce que j'ai de mieux à faire, c'est d'aller me coucher.

Alors, elle jeta son paquet de filasse, mais en oubliant de se signer, et dit :

— Maintenant, mère Mercredi, prête-moi ton aide, afin que je me lève de bonne heure demain matin et que je termine mon écheveau.

Bien. — De très-bonne heure, le lendemain matin, longtemps avant qu'il fît jour, la jeune femme entendit quelqu'un qui marchait de tous côtés dans la chambre, d'un pas affairé.

Elle ouvrit ses yeux et regarda.

La chambre était tout éclairée. La mèche, faite d'un éclat de sapin, brûlait dans la lampe et le feu était allumé dans le poêle.

Une femme qui n'était plus jeune, la tête coiffée d'une serviette blanche, marchait dans la chambre, allant ici et là, fournissant de bois le poêle, et apprêtant chaque chose.

Alors, elle s'avança vers la jeune femme et l'éveilla en disant :

— Lève-toi !

La jeune femme se leva saisie d'étonnement et dit :

— Mais qui es-tu ? pourquoi viens-tu ici ?

— Je suis Mercredi, et c'est moi que tu as appelée à ton aide. Déjà j'ai tissé ta toile ; maintenant, blanchissons-la et mettons-la sécher. Le four est chaud, et les fers sont prêts. Veux-tu descendre au ruisseau et tirer de l'eau ?

La femme était effrayée et pensa :

— Qu'est-ce que tout cela ?

Mais Mercredi la regarda avec colère. Ses yeux lançaient des flammes. Alors, la femme prit deux seaux et partit chercher de l'eau.

Aussitôt qu'elle fut dehors, elle se dit :

— Ne va-t-il pas m'arriver quelque chose de terrible ? Mieux vaut me réfugier chez mon voisin que d'aller chercher de l'eau.

Elle s'éloigna. La nuit était sombre ; dans le village, tout le monde était endormi. Elle parvint à la maison d'un voisin et frappa contre la fenêtre, jusqu'à ce qu'elle se fût fait entendre. Une vieille femme la fit entrer.

— Eh! mon enfant, dit la vieille, pourquoi t'es-tu levée si matin? Qu'y-a-t-il?

— Oh! grand'mère, voici ce qu'il y a : Mercredi est venue chez moi et m'a envoyée chercher de l'eau pour laver mon lin.

— Cela ne paraît pas naturel, dit la vieille; sur ce lin, elle t'étranglera ou te fera cuire.

La vieille connaissait évidemment les habitudes de Mercredi.

— Que dois-je faire? dit la jeune femme. Comment me tirer du danger?

— Eh bien, voici ce qu'il faut faire : va te placer devant ta maison, et quand tu y seras arrivée, frappe les seaux l'un contre l'autre en criant : « Les enfants de Mercredi ont été brûlés en mer! » Elle s'élancera hors de la maison et alors tu profiteras de l'occasion pour rentrer chez toi avant son retour. Aussitôt rentrée, ferme ta porte et trace sur elle le signe de la croix. Puis, quand Mercredi reviendra, ne la laisse pas pénétrer; n'écoute ni ses menaces ni ses prières, mais mets tes deux mains en croix; dessines-en une en outre sur la porte avec un morceau de craie et murmure une prière. Le mauvais esprit n'aura plus qu'à disparaître.

Bien. — La jeune femme courut à sa demeure, frappa ses seaux l'un contre l'autre et cria près de la croisée :

« Les enfants de Mercredi viennent d'être brûlés en mer ! »

Mercredi sortit précipitamment de la maison pour voir si c'était vrai.

Alors la jeune femme rentra dans sa maison, ferma la porte et fit une croix sur elle.

Mercredi revint sur ses pas et commença à crier :

— Laisse-moi entrer, ma chère ! J'ai filé ton lin ; maintenant je le blanchirai.

Mais la femme ne voulut pas l'écouter, et Mercredi continua à frapper à la porte jusqu'au cri du coq. Aussitôt que les coqs eurent chanté, elle poussa un cri aigu et disparut.

Quant au lin, il resta où il était.

LE LÉSHY

OU L'ESPRIT DE LA FORÊT

La fille d'un pope était allée jouer un jour dans une forêt, sans en avoir demandé la permission à son père et à sa mère, et elle disparut complétement.

Trois années s'écoulèrent.

Or, dans le village où demeuraient ses parents, vivait un hardi chasseur, qui allait tous les jours rôder dans la forêt, à travers les bois épais, avec son chien et son fusil.

Un jour, il traversait la forêt. Tout d'un coup, le chien du chasseur commença à aboyer et son poil se hérissa.

Le chasseur regarda et vit au milieu du sentier boisé qu'il suivait un tronc d'arbre, et sur le tronc était assis un moujik qui tressait un chausson. Et, tout en tressant ce chausson, le moujik regardait la lune et disait avec un geste menaçant :

— Brille, brille, ô radieuse lune !

Le chasseur resta surpris. Qu'est-ce que cela veut dire ? pensa-t-il. Pourquoi le moujik regarde-t-il comme cela ? Il est encore jeune, et cependant sa chevelure est aussi grise que celle d'un blaireau.

Il pensa seulement ces paroles; mais l'autre répliqua comme s'il avait deviné la pensée du chasseur :

— Je suis gris, parce que je suis le grand-père du diable.

Alors, le chasseur comprit qu'il n'avait pas devant lui un simple moujik, mais un Léshy, l'esprit de la forêt. Il abaissa son fusil, et v'lan ! il l'atteignit droit dans la panse.

Le Léshy poussa un grognement et parut tomber en travers du tronc d'arbre ; mais aussitôt il se releva et glissa dans le fourré.

Le chien s'élança à sa poursuite. Derrière le chien marchait le chasseur. Il marcha, marcha, et arriva à une colline. Dans cette colline était une crevasse, et dans la crevasse une cabane.

Il entra dans la cabane. Là, sur un banc, le Léshy était étendu roide comme une pierre, et à son côté une jeune fille était assise, s'écriant au milieu de pleurs amers :

— Qui me donnera maintenant à boire et à manger ?

— Salut, belle jeune fille ! dit le chasseur. Raconte-moi d'où tu viens et de qui tu es née.

— Ah ! bon jeune homme, je ne sais rien de moi-même, pas plus que je ne connais la libre lumière, ni si j'ai un père et une mère.

— Eh bien, apprête-toi à partir aussitôt que tu le pourras ; je veux t'emmener dans la sainte Russie.

Puis il la prit avec lui et l'emmena hors de la forêt, en ayant soin, tout le long du chemin, de faire des marques sur les arbres.

Or cette jeune fille avait été enlevée par le Léshy et vivait dans sa hutte depuis trois ans. Ses vêtements étaient en lambeaux ; à peine lui couvraient-ils le dos et la poitrine, de telle sorte qu'elle était à peu près nue. Mais elle n'en paraissait pas honteuse du tout.

Quand ils arrivèrent au village, le chasseur s'empressa de demander si quelqu'un avait perdu une fille. Alors, le pope accourut en criant :

— Mais, c'est ma fille ! A son tour survint la femme du pope, qui s'écria :

— Ah ! ma chère enfant, où as-tu été si longtemps ? je n'avais plus l'espoir de te revoir.

Mais la fille s'étonnait et elle clignait des yeux, n'y comprenant rien.

Après quelque temps cependant, la mémoire lui revint. Alors le pope et sa femme la donnèrent en mariage au chasseur et le récompensèrent par toutes sortes de bonnes choses.

Et ils allèrent à la recherche de la hutte dans laquelle leur fille avait vécu près du Léshy. Longtemps ils errèrent à travers la forêt, sans pouvoir jamais retrouver la hutte.

MÉTAMORPHOSES

DU DNIÉPER, DU VOLGA ET DE LA DWINA

Autrefois, le Dniéper, le Volga et la Dwina étaient des personnes vivantes.

Le Dniéper était un garçon; le Volga et la Dwina étaient ses sœurs.

Pendant qu'ils étaient encore enfants, ils devinrent orphelins, et comme ils n'avaient pas une croûte de pain à se mettre sous la dent, ils étaient obligés, pour gagner leur vie, de se livrer à un labeur journalier qui excédait leurs forces.

Quand cela se passait-il?

Il y a très-longtemps, disent les vieillards; au-delà de la mémoire même de nos grands grands-pères!

Bien. — Les enfants grandirent, mais ils n'avaient jamais eu le moindre instant de bonheur. Chaque jour, du matin jusqu'au soir, ce n'était que travail et travail, et tout cela seulement pour la subsistance de la journée.

Quant à leur habillement, il se bornait à ce que le bon Dieu leur envoyait. Parfois, ils trouvaient des haillons dans des tas d'ordures et ils s'en servaient pour couvrir leurs corps.

Les pauvres êtres enduraient le froid et la faim. La vie leur devint à charge ; elle leur semblait plus amère qu'une méchante rave.

Un jour, après avoir travaillé de toutes leurs forces dans la campagne, ils s'assirent sous un buisson pour y manger leur dernier morceau de pain. Et quand ils l'eurent mangé, ils crièrent et se lamentèrent quelque temps ; puis ils réfléchirent et tinrent conseil pour savoir comment ils s'arrangeraient pour vivre et pour se procurer la nourriture et le vêtement, et pour fournir aux autres, sans travailler, la viande et la boisson.

Il fut donc décidé qu'ils parcourraient en voyageurs le vaste monde, à la recherche d'une bonne chance et d'un gracieux accueil, et qu'ils ne s'arrêteraient que lorsqu'ils auraient découvert les endroits où ils pourraient le plus facilement se changer en de grandes rivières. Car c'était une chose possible dans ce temps-là !

Bien. — Ils marchèrent et marchèrent, non-seulement une année et deux années, mais plus de trois, et ils choisirent les endroits qu'ils désiraient, et convinrent entre eux du moment où chacun d'eux commencerait à couler ; et tous les trois s'arrêtèrent pour passer la nuit dans un marais.

Mais les sœurs étaient plus fines que leur frère.

Le Dniéper ne fût pas plutôt endormi qu'elles se levèrent tranquillement, choisirent les endroits les meilleurs et les plus en pente, et se mirent à couler.

Quand le frère s'éveilla le matin, il n'aperçut aucune trace de ses sœurs. Alors il devint furieux et se hâta de les poursuivre.

Mais, sur la route, il se ravisa, voyant bien qu'un homme ne pouvait courir plus vite qu'une rivière. Alors, il se glissa sur la terre et coula à leur poursuite comme un torrent. A travers ravins et crevasses il se précipita; et plus il allait, plus il devenait farouche.

Mais quand il arriva à quelques verstes du rivage de la mer, sa colère tomba et il disparut dans les flots.

Et ses deux sœurs, qui avaient continué à courir loin de lui pendant sa poursuite, se séparèrent en directions différentes et s'enfuirent jusqu'au sein de la mer.

Mais tandis que le Dniéper se précipitait au loin, emporté par sa colère, il traça sa route entre des bords escarpés; aussi son cours est-il plus rapide que celui de Volga et de Dwina; aussi est-ce lui qui a le plus de courant et le plus de bouches.

M. GIVRE (*)

Il y avait une fois un vieillard qui avait une femme et trois filles.

La femme n'aimait pas l'aînée des trois, qui était née d'un premier lit, et elle la grondait sans cesse. En outre, elle la forçait à se lever de très-bonne heure le matin, et lui donnait à faire tout l'ouvrage de la maison. Avant le point du jour, il fallait que la fille eût donné le fourrage aux bestiaux et les eût fait boire ; il fallait qu'elle allât chercher le bois et l'eau au dehors, qu'elle allumât le feu dans le poêle, qu'elle lavât la maison, qu'elle raccommodât les vêtements et qu'elle mît tout en ordre. Même alors, sa belle-mère n'était jamais contente et grognait toujours contre Marfa, en s'écriant :

— Quelle paresseuse ! quelle malpropre ! Pourquoi le balai n'était-il pas à sa place ? Tout était de travers. Et elle laissait de la boue dans la maison.

La fille gardait le silence et pleurait ; elle essayait toujours de satisfaire sa belle-mère et de rendre service à ses belles-sœurs.

(*) En réalité, c'est la Gelée qu'il eût fallu traduire, et non pas Givre ; mais la nécessité d'avoir un nom masculin nous a forcé de remplacer le mot Gelée par le mot Givre. (*Note du traducteur.*)

Mais celles-ci, prenant modèle sur leur mère, passaient leur temps à insulter Marfa, à la quereller, à la faire crier. Ce leur était même un plaisir. Quant à elles, elles restaient au lit le plus tard possible; elles se faisaient apporter l'eau pour leur toilette; elles s'essuyaient dans du beau linge et ne se mettaient au travail qu'après dîner.

Bien. — Nos filles grandirent et grandirent, jusqu'à ce qu'enfin elles devinrent d'âge à se marier.

Le vieillard était très-fâché de tout ce qu'on faisait à sa fille aînée, qu'il aimait, parce qu'elle était industrieuse, obéissante, jamais obstinée, faisant toujours ce qu'on lui ordonnait, et ne prononçant jamais aucune parole de contradiction. Mais il ne savait pas comment la secourir dans sa peine.

Il était faible, sa femme était acariâtre, et ses filles aussi entêtées qu'indolentes.

Bien. — Les vieux époux se mirent à considérer, le mari, comment il pourrait établir ses filles; la femme, comment elle pourrait se débarrasser de l'aînée. Un jour elle dit à son mari :

— Vieillard, marions donc Marfa.

— Volontiers, dit-il en descendant de dessus le poêle, sur lequel ils couchaient. Mais sa femme le rappela : — Lève-toi de bonne heure demain, vieillard, attelle la jument au traîneau et emmène Marfa.

— Et toi, Marfa, serre toutes tes affaires dans un panier, et mets une chemise blanche; demain tu t'en iras faire une visite.

La pauvre Marfa fut heureuse d'avoir la bonne fortune d'être invitée à une visite, et elle dormit tranquillement toute la nuit.

Le lendemain matin, de bonne heure, elle se leva, se lava, fit sa prière au bon Dieu, rassembla toutes ses affaires, les empaqueta en bon ordre, s'habilla avec ses plus beaux effets. Elle avait l'air d'une demoiselle. C'était vraiment une fiancée digne de n'importe quel époux.

Or on était dans la saison d'hiver, et au dehors il gelait à tout fendre.

Le matin, de bonne heure, entre le point du jour et le lever du soleil, le vieillard attela la jument au traîneau et la conduisit jusqu'aux marches de l'escalier.

Puis il rentra, s'assit sur le rebord de la fenêtre et dit :

— Maintenant, j'ai tout apprêté.

— Mets-toi à table et avale tes provisions, répliqua la vieille femme.

Le vieillard se mit à table et fit asseoir sa fille à son côté.

Sur la table était un panier ; le père en tira un pain et en coupa pour lui et sa fille. Pendant ce temps, sa femme servit une platée de soupe aux vieux choux et dit :

— La, mon pigeon, mange et va-t'en ; j'en ai assez de toi. Conduis Marfa à son fiancé, vieillard ; et écoute bien, vieille barbe grise : suis tout droit la route d'abord, puis tu tourneras à droite, tu sais, dans la forêt. Dirige-toi alors sur le grand pin qui est sur la colline, et là tu marieras Marfa à M. Givre.

Le vieillard ouvrit ses yeux tout grands et aussi sa bouche, et cessa de manger. Quant à la pauvre fille, elle commença à se lamenter.

— Quoi donc! qu'est-ce que vous avez à rester là, tous deux bouche ouverte et à crier ainsi, dit la belle-mère? Certes, le fiancé est beau et c'est lui qui est riche! Voyez donc combien de choses lui appartiennent : les sapins, les sommets des pins, les bouleaux, vêtus de belles robes blanches ; que de choses enviables sont à lui! Quant à lui-même, c'est un véritable héros de roman.

Le vieillard plaça silencieusement les affaires dans le traîneau, couvrit sa fille d'une chaude pelisse et se mit en voyage.

Après quelque temps, il atteignit la forêt, quitta le chemin et suivit la neige gelée. Quand il fut entré dans les profondeurs de la forêt, il s'arrêta, fit descendre sa fille, plaça son panier sous le grand pin et lui dit :

— Assieds-toi, mon enfant, et attends ton fiancé. Surtout, souviens-toi de le recevoir aussi gracieusement que tu pourras.

Puis il fit tourner son cheval et regagna sa demeure.

La jeune fille s'assit et grelotta. Le froid la perçait de part en part; elle aurait voulu crier, mais elle n'en avait pas la force; ses dents claquaient.

Tout à coup elle entendit un bruit.

Non loin de là, la gelée faisait éclater un sapin.

De sapin en sapin, Morozko (M. Givre) sautait en faisant craquer ses doigts. Puis il apparut au sommet du pin sous lequel la jeune fille était assise et lui cria :

— As-tu chaud, jeune fille ?

— J'ai chaud, j'ai chaud, cher père Givre ! répliqua-t-elle.

Givre commença à descendre, en faisant toujours craquer ses doigts.

Et il dit encore à la jeune fille :

— As-tu chaud, jeune fille ? as-tu chaud, ma belle ?

La pauvre enfant pouvait à peine répondre ; mais elle dit encore :

— J'ai chaud, cher Givre ; j'ai chaud, cher père !

Givre continua à craquer plus que jamais et à faire craquer ses doigts de plus en plus, puis il répéta à la jeune fille :

— As-tu chaud, jeune fille ? as-tu chaud, ma jolie ? as-tu chaud, ma chérie ?

La pauvre enfant était transie de froid, et elle put à peine se faire entendre quand elle répondit :

— Oh ! j'ai tout à fait chaud, mon très-cher Givre.

Alors, Givre prit pitié de la jeune fille et l'enveloppa dans des fourrures et la réchauffa avec des couvertures. Le lendemain matin, la vieille femme dit à son mari :

— Va-t'en, vieille barbe grise, éveiller le jeune couple.

Le vieillard harnacha son cheval et partit.

Quand il arriva à l'endroit où était sa fille, il la trouva vivante, couverte d'une bonne pelisse, d'un magnifique voile de fiancée, et son panier rempli de riches présents.

Il rangea chaque chose dans le traîneau, sans dire une parole, s'assit à côté de sa fille et la ramena. Ils atteignirent la maison, et la fille tomba aux pieds de sa belle-mère.

La vieille femme fut comme frappée du tonnerre quand elle vit que la fille était vivante, qu'elle avait une pelisse neuve et une corbeille remplie de linge.

— O malheureuse, cria-t-elle, tu ne m'échapperas pas.

Bien. — Un peu plus tard, la vieille femme dit à son mari :

— Emmène aussi mes filles à leurs fiancés. Les présents qu'il a faits à Marfa ne sont rien auprès de ceux qu'il donnera aux deux autres.

Puis, le lendemain matin, de bonne heure, la vieille femme servit le déjeuner à ses filles, les habilla comme de belles fiancées et les fit partir pour leur voyage.

Après avoir suivi le même chemin que la première fois, le vieillard laissa ses filles sous le pin. Alors, les filles s'assirent, éclatèrent de rire et s'écrièrent :

— A quoi pense notre mère de vouloir nous marier à la fois toutes deux ? Comme s'il n'y avait pas de garçons dans notre village ! Quelque dégoûtant fiancé va venir et Dieu sait ce que cela pourra être!

Les filles s'enveloppèrent dans leurs pelisses; mais, néanmoins, elles souffraient du froid.

— Je dis, Prascovia, que la gelée m'écorche vive! Sais-tu que si notre fiancé ne vient pas vite, nous périrons de froid?

— Ne dis pas de bêtises, Mashka. Comme si des amoureux allaient sortir de si bonne heure! Eh quoi! c'est à peine le moment du dîner.

— D'abord, Prascovia, si seulement un amoureux se présente, laquelle de nous choisira-t-il?

— Ce n'est pas toi, espèce d'oie stupide!

— Est-ce que ce serait toi, par exemple?

— Sans doute, ce serait moi!

— Toi, en vérité! allons donc! toi qui ne fais que dire des sottises et qui traites tout le monde d'imbécile!

Pendant ce temps, Givre avait engourdi les mains des filles; aussi nos demoiselles les croisaient-elles sous leurs jupons et continuaient à se quereller comme avant.

— Affreuse fille! face endormie! abominable mégère tu ne sais seulement pas par où tu dois commencer quand il faut filer, et quant à continuer ton ouvrage, tu n'en as pas la moindre idée!

— Ah! vantarde!... Et toi, qu'est-ce que tu sais? Rien du tout, excepté d'aller aux réjouissances et d'y lécher tes lèvres! Nous verrons bientôt laquelle il prendra la première.

Tandis que les filles continuaient ainsi à s'injurier, le froid les gagnait de plus en plus.

Tout à coup elles s'écrièrent toutes les deux à la fois :

— Pourquoi est-il si long à venir? ne vois-tu pas que tu es devenue tout à fait bleue?

Alors, à quelque distance, Givre commença à fendre et à faire craquer ses doigts, tandis qu'il sautait de pin en pin.

Aux filles il sembla que quelqu'un approchait.

— Écoute, Prascovia! il arrive enfin, et avec des sonnettes encore.

— Eh! va te promener! je ne t'écoute même pas; ma peau se pèle de froid.

— Est-ce que tu attends toujours pour te marier?

Alors elles se mirent à souffler dans leurs doigts.

Givre s'approchait de plus en plus. Enfin, il apparut au sommet du pin, au-dessus des têtes des filles, et il leur dit :

— Avez-vous chaud, mesdemoiselles? avez-vous chaud, mes jolies? avez-vous chaud, mes chéries?

— O Givre, il fait affreusement froid; nous sommes presque mortes. Nous attendons un fiancé, mais ce maudit garçon ne vient pas.

Givre se glissa en bas de l'arbre, fendit de plus en plus, fit craquer ses doigts plus fort que jamais.

— Avez-vous chaud, mesdemoiselles? avez-vous chaud, mes jolies?

— Allez vous promener! Êtes-vous aveugle que vous ne voyez pas que nos têtes et nos pieds sont tout à fait morts?

Givre descendit encore plus bas, pour leur faire sentir de plus près son pouvoir.

— Avez-vous chaud, mesdemoiselles?

— Enfoncez-vous dans un gouffre, hors de notre vue, maudit! crièrent les filles. — Et elles devinrent des formes sans vie.

Le lendemain matin, la vieille femme dit à son mari :

— Vieillard, va atteler le traîneau, mets-y une brassée de foin et emporte des couvertures en peau de mouton ; j'ose dire que les petites sont à moitié mortes de froid. Il a terriblement gelé dehors. Et souviens-toi, vieille barbe grise, de faire vite.

Avant que le vieillard pût seulement manger un morceau, il était déjà hors de la porte et sur la route. Quand il arriva à l'endroit où étaient ses filles, il les trouva mortes. Alors, il porta ses filles dans le traîneau, les enveloppa de couvertures et les couvrit avec un paillasson d'écorce.

La vieille femme vit venir son mari de loin, courut à sa rencontre et cria de toutes ses forces :

— Où sont les petites?

— Dans le traîneau.

La vieille femme leva le paillasson, défit les couvertures et trouva ses deux filles mortes.

Alors, comme un ouragan, elle éclata contre son mari, l'injuriant et disant : — Qu'as-tu fait, maudit vieux? Tu as tué mes filles, les enfants de ma chair et de mon sang, mes rejetons, qui étaient si beaux, mes belles fleurs! Je te battrai avec des pincettes. Je te frapperai avec le tisonnier du poêle.

— C'en est assez, vieille oie! Tu t'étais flattée d'acquérir des richesses; mais tes filles étaient trop têtues. Pourquoi me blâmer? c'est toi qui l'as voulu.

La vieille femme s'était d'abord livrée à sa colère et elle avait employé de vilaines expressions; mais bientôt elle fit la paix avec sa belle-fille, et tous vécurent ensemble paisiblement. Ils prospérèrent et n'éprouvèrent plus aucun malheur.

Un voisin fit une proposition de mariage; la noce fut célébrée, et Marfa vit encore heureusement. Le vieillard effraie encore ses petits-enfants en leur racontant des histoires sur M. Givre, et ne les laisse pas faire leurs volontés.

L'AVEUGLE ET L'ESTROPIÉ

Il y avait une fois un roi et une reine. Ils avaient un fils nommé le prince Ivan. Le précepteur à qui fut confié le soin de son éducation s'appelait Katoma.

Le roi et la reine parvinrent à un grand âge; mais, enfin ils tombèrent malades et comprirent que leur mort était proche.

Alors ils envoyèrent chercher le prince Ivan et lui donnèrent les instructions que voici :

« Quand nous serons morts, respecte toujours Katoma, et obéis-lui en toutes choses; si tu le fais, tu prospéreras; mais si tu aimes mieux faire tes volontés, tu mourras comme une mouche. »

Le lendemain, le roi et la reine rendirent l'âme.

Le prince Ivan ensevelit ses parents et résolut de vivre suivant leurs conseils. Quelque chose qu'il eût à faire, il prenait toujours l'avis de son gouverneur.

Quelque temps se passa. Le prince atteignit l'âge d'homme et commença à songer à se marier.

Un jour donc, il alla trouver son gouverneur et lui dit :

— Katoma, je suis ennuyé de vivre seul; je voudrais me marier.

— Eh bien, prince, je n'y fais pas d'objection. V[ous] êtes en effet d'âge à songer à vous choisir une épouse. Allez dans la grande salle du château, vous y trouverez une réunion des portraits de toutes les princess[es] du monde; examinez-les, et choisissez vous-même cell[e] qui vous plaira, et portez-lui vos offres de mariage.

Le prince Ivan entra dans la grande salle et s[e] mit à examiner les portraits. Et celle qui eut ses préférences fut la princesse Anna la Belle. Quelle beauté on n'aurait pas pu trouver la pareille dans le mond[e] entier! Sous son portrait étaient écrites ces paroles[:] « Celui qui lui posera une énigme qu'elle sera inca[pable] de deviner, deviendra son époux; mais celu[i] dont elle aura deviné l'énigme aura la tête coupée.

Le prince Ivan lut cette inscription, en fut for[t] affligé et revint vers son gouverneur.

— J'ai été dans la grande salle, dit-il, et j'ai choi[si] pour épouse Anna la Belle; seulement, je ne sais pa[s] s'il me sera possible de la conquérir.

En effet, prince, l'entreprise est difficile. Si vou[s] allez seul, vous ne parviendrez pas à réussir; mais [si] vous m'emmenez avec vous et que vous fassiez ce qu[e] je vous dirai, peut-être l'affaire pourra-t-elle êtr[e] menée à bonne fin.

Le prince Ivan pria Katoma de l'accompagner, [et] lui donna sa parole d'honneur de lui obéir en toute[s] circonstances soit heureuses, soit malheureuses.

Bien. — Ils s'apprêtèrent pour le voyage et partirent pour briguer la main de la princesse Anna la Belle. Ils voyagèrent pendant un an, deux ans, trois ans, et traversèrent maintes contrées. Le prince Ivan dit :

— Nous voyageons depuis longtemps, mon oncle ; nous devons donc approcher du pays de la belle princesse Anna ; et cependant nous ne savons pas encore quelle énigme nous proposerons.

Katoma répliqua :

— Nous y réfléchirons quand il sera temps.

Ils allèrent un peu plus loin. Katoma cheminait les yeux baissés. Il trouva sur la route une bourse pleine d'argent. Il s'en saisit aussitôt, versa toute la monnaie dans sa propre bourse et dit :

— Voici notre énigme, prince Ivan. Quand vous serez en présence de la princesse, proposez-lui une énigme en ces termes : « Comme nous venions, nous avons aperçu sur la route un Bien, et nous avons ramassé le Bien avec bonheur, et nous l'avons mis dans notre propre Bien ? » Cette énigme, elle ne la devinerait pas, quand elle la chercherait toute sa vie ; mais toute autre, elle la trouverait immédiatement. Elle n'aurait, pour cela, qu'à regarder dans son livre de magie, et aussitôt qu'elle l'aurait devinée, elle vous ferait couper la tête.

Bien. — A la fin, le prince Ivan et son gouverneur arrivèrent au magnifique palais dans lequel habitait la belle princesse.

A ce moment, elle se trouvait précisément sur le

balcon, et dès qu'elle aperçut les nouveaux venus, elle envoya demander d'où ils arrivaient et ce qu'ils désiraient.

Le prince Ivan répondit :

— Je viens de tel royaume, et je désire obtenir la main de la princesse Anna la Belle.

Quand elle eut été informée de cette réponse, la princesse donna l'ordre d'introduire le prince dans le palais, et là, en présence de tous les princes et boyards de son conseil, elle lui enjoignit de proposer son énigme.

— J'ai pris l'engagement, dit-elle, d'accepter pour époux celui qui me posera une énigme que je ne pourrai résoudre. Mais celui dont j'aurai deviné l'énigme, je le ferai mettre à mort.

— Écoute-moi donc, belle princesse, dit le prince Ivan :

« Comme nous venions, nous avons vu le Bien gisant sur la route et nous avons ramassé le Bien avec bonheur, et nous l'avons placé dans notre propre Bien. »

La princesse Anna la Belle prit son livre de magie et le feuilleta pour y trouver la réponse. Elle alla jusqu'au bout du livre; mais elle n'y put trouver le sens qu'elle désirait. Alors, les princes et boyards de son conseil décidèrent que la princesse devait épouser le prince Ivan.

Elle n'était pas contente du tout. Mais il n'y avait pas moyen de se tirer de là. Elle dut donc ordonner de tout préparer pour le mariage.

Pendant ce temps, elle réfléchit en elle-même au moyen de gagner du temps et d'éloigner son fiancé. Elle jugea que le meilleur moyen était de l'accabler de tâches difficiles.

Alors elle appela le prince Ivan et lui dit :

— Mon cher prince Ivan, mon futur mari, il est doux de nous préparer à nos fiançailles ; je t'en prie, rends-moi ce petit service :

Dans tel lieu de mon royaume, il existe un pilier de fer très-élevé ; porte-le dans la cuisine du palais et casse-le en petits morceaux, pour servir de combustible aux cuisiniers.

— Excuse-moi, princesse, repartit le prince. Est-ce pour casser du combustible que je suis venu ici ? Est-ce une occupation convenable pour moi ? J'ai un serviteur pour cela, c'est Katoma.

Le prince appela immédiatement son gouverneur et lui ordonna d'amener le pilier de fer dans la cuisine et de le casser en petits morceaux, par manière de combustible pour les cuisiniers.

Katoma alla au lieu indiqué par la princesse, saisit le pilier dans ses bras, l'apporta dans la cuisine du palais, le brisa en petits morceaux ; mais il eut soin de mettre dans sa poche quatre des fragments de fer, en disant :

— Ils me seront utiles un jour.

Le lendemain, la princesse dit au prince Ivan :

— Cher prince, mon futur mari, demain nous irons à la cérémonie de nos noces. Je serai en voiture ; mais toi, tu monteras le coursier héroïque. Seulement, tu feras bien de le dompter auparavant.

Il repartit :

— Je me dompte moi-même ; mais j'ai un serviteur pour dompter les chevaux.

Le prince Ivan appela Katoma et lui dit :

— Va à l'écurie et dis au palefrenier d'amener le coursier héroïque. Enfourche-le et dompte-le ; demain j'ai besoin de le monter pour me rendre à la cérémonie.

Katoma pénétra le subtil stratagème de la princesse ; mais, sans s'arrêter longtemps à parler, il alla à l'écurie et ordonna au palefrenier de lui amener le coursier héroïque. Douze palefreniers étaient réunis ; ils tirèrent douze verrous, ouvrirent douze portes et amenèrent un cheval magique lié de douze chaînes de fer.

Katoma marcha vers lui. Mais il l'avait à peine enfourché que le cheval magique s'élança de terre et s'éleva plus haut que la forêt, plus haut que les plus hauts arbres de la forêt, plus bas que les nuées fugitives.

Katoma resta solidement assis ; d'une main il se retint à la crinière, de l'autre il tira de sa poche un des morceaux de fer et commença à dompter le cheval en le frappant entre les oreilles. Quand il eut brisé un morceau, il en prit un autre ; quand les deux furent brisés, il en prit un troisième, et quand les trois furent hors d'usage, le quatrième entra en danse. Et il châtia si rudement le coursier héroïque, que celui-ci ne put résister plus longtemps, mais cria tout haut avec une voix humaine :

— Katoma, ne me prive pas de la vie dans le monde blanc; tout ce que tu désireras sera un ordre pour moi; tout sera fait suivant ta volonté!

— Écoute, viande pour les chiens, répondit Katoma; demain, le prince Ivan te montera pour son mariage. Souviens-toi bien de ceci : quand les palefreniers t'amèneront dans la grande cour et que le prince viendra à toi et qu'il passera la main sur ton dos, reste tranquille, ne remuant pas même l'oreille. Et quand il sera assis sur ton dos, enfonce-toi dans la terre jusqu'au poitrail, et alors marche sous lui d'un pas pesant, comme si un poids énorme avait été placé sur ton dos !

Le coursier héroïque écouta l'ordre et descendit vers la terre à peine vivant. Katoma le saisit par la queue et l'enferma dans l'écurie, en criant :

— Holà ! cochers et palefreniers, ramenez-moi cette viande de chien à son écurie.

Le lendemain arriva. Le moment approchait de se rendre à la cérémonie. La voiture fut amenée pour la princesse, le coursier héroïque pour le prince Ivan.

Le peuple était venu en foule de toute part; il formait une multitude innombrable.

L'épouse et le fiancé sortirent du palais aux pierres blanches. La princesse monta dans la voiture et attendit pour voir ce qu'il adviendrait du prince Ivan, et si le coursier magique livrerait sa crinière au vent et disperserait dans la vaste plaine les membres de son futur.

Le prince Ivan s'approcha du cheval, lui posa la main sur le dos, mit son pied dans l'étrier. — Le cheval resta comme pétrifié et ne remua pas même l'oreille. Le prince sauta sur son dos, le cheval magique s'enfonça dans la terre jusqu'au poitrail.

Les douze chaînes furent enlevées du cheval et il commença à marcher d'un pas pesant, tandis que la sueur découlait le long de son corps comme de la pluie.

— Quel héros ! quelle incroyable vigueur ! criait le peuple en admirant le prince.

Puis le fiancé et la future furent mariés ; ensuite ils sortirent de l'église, se tenant l'un l'autre par la main.

La princesse se mit en tête d'éprouver encore le prince Ivan. Alors, elle lui serra la main si fort qu'il n'en put supporter la douleur. Sa figure s'injecta de sang, ses yeux disparurent derrière ses sourcils.

— Tu es un joli héros, ma foi ! pensa la princesse ; ton gouverneur m'a joliment trichée ; mais tu n'y gagneras rien.

La princesse Anna la Belle vécut pendant quelque temps avec le prince Ivan comme toute femme doit vivre avec le mari que Dieu lui a donné ; elle le flattait en toute occasion par paroles ; mais, en réalité, elle ne songeait qu'au moyen de se débarrasser de Katoma.

— Avec le prince sans le gouverneur, il ne sera pas difficile de tout arranger, se dit-elle en elle-même.

Mais quelques calomnies qu'elle pût inventer, le prince Ivan ne se laissait jamais influencer par ce qu'elle disait et prenait le parti de son gouverneur. Au bout d'une année, il dit un jour à sa femme :

— Belle princesse, mon épouse bien-aimée, je voudrais t'emmener avec moi dans mon royaume.

— Très-volontiers, répliqua-t-elle ; je le désire moi-même depuis longtemps.

Alors ils s'apprêtèrent et partirent. Katoma fit l'office de cocher. Ils avancèrent, avancèrent, et pendant la route le prince Ivan s'endormit. Tout à coup, la princesse Anna la Belle l'éveilla en poussant de grands soupirs.

— Écoute, prince, tu dors toujours, tu n'entends rien, ton gouverneur ne m'obéit jamais, il mène exprès les chevaux par monts et par vaux, comme s'il voulait nous faire périr ; j'ai essayé de lui parler gentiment, mais il s'est moqué de moi. Je ne veux pas vivre plus longtemps si tu ne le punis pas.

Le prince Ivan, entre le sommeil et la veille, se mit en colère contre son gouverneur et l'abandonna complétement à la princesse, en disant :

— Fais-en ce que tu voudras.

La princesse fit couper les pieds au gouverneur. Katoma supporta patiemment l'outrage.

— Très-bien, pensa-t-il ; je souffre, c'est vrai ; mais le prince saura à son tour ce que c'est que de mener une vie misérable.

Quand les deux pieds de Katoma eurent été coupés,

la princesse regarda et vit qu'un grand tronc d'arbre s'élevait sur la route; alors elle appela ses serviteurs et leur ordonna d'asseoir le mutilé sur ce tronc d'arbre. Quant au prince Ivan, elle l'attacha à la voiture avec une corde, fit tourner les chevaux et revint à son royaume.

Katoma fut abandonné sur le tronc d'arbre, il versa des larmes amères.

— Adieu, prince Ivan, cria-t-il, vous ne m'oublierez pas!

Pendant ce temps, la princesse emmenait son mari attaché derrière sa voiture. Le prince comprit bien quelle sottise il avait faite, mais il n'était plus temps de la réparer.

Quand la belle princesse Anna fut de retour dans son royaume, elle ordonna au prince Ivan de prendre soin des vaches. Chaque matin, au soleil levant, il partait aux champs avec son troupeau, et le soir il le ramenait dans l'étable royale.

A cette heure, la princesse était toujours sur son balcon et examinait elle-même si le nombre de ses vaches était au complet.

Katoma resta assis sur le tronc d'arbre un jour, deux jours, trois jours, sans rien manger ni boire. Descendre était impossible; il semblait qu'il dût mourir d'inanition.

Or non loin de ce lieu était une épaisse forêt.

Dans cette forêt vivait un puissant héros qui était complétement aveugle. La seule manière dont il pouvait se procurer sa nourriture était celle-ci : lorsqu'il était averti par l'odorat qu'un animal passait près de lui, soit un ours, soit un lièvre, immédiatement il le chassait, l'atteignait et en faisait son repas.

Le héros était excessivement agile, et aucune bête sauvage ne pouvait lui échapper. Or, un jour, il arriva qu'un renard courait près de lui ; le héros l'entendit et se mit à sa poursuite. Le renard courut jusqu'au grand tronc d'arbre, tourna court brusquement ; mais le héros aveugle se pressa, prit son élan et frappa son front si rudement contre le tronc d'arbre qu'il le déracina. Katoma tomba par terre et lui dit :

— Qui es-tu ?

— Je suis un héros aveugle. Je vis dans la forêt depuis trente ans ; je ne puis me procurer ma nourriture qu'en attrapant tantôt un gibier, tantôt un autre et en le faisant cuire à un feu de bois ; sans cela, il y a longtemps que je serais mort.

— Tu n'as pas été aveugle toute ta vie ?

— Non, pas toute ma vie ; c'est la princesse Anna la Belle qui m'a arraché les yeux.

— Eh bien, frère, dit Katoma, j'ai aussi à la remercier, moi ! car c'est elle qui m'a abandonné ici après m'avoir fait couper les pieds, la maudite !

Les deux héros continuèrent de s'entretenir de leurs maux, et convinrent de vivre ensemble et de s'associer pour gagner leur nourriture. L'aveugle dit à l'estropié :

— Assieds-toi sur mon dos et montre-moi la route ; tu te serviras de mes pieds et moi de tes yeux.

Puis il prit l'estropié et l'emporta chez lui, et Katoma, assis sur le dos de l'aveugle, jetait des regards tout autour et lui criait de temps en temps : — A droite, à gauche! tout droit! en avant!

Ils vécurent ainsi quelque temps dans la forêt, et attrapèrent pour leurs repas les lièvres, les renards et les ours.

Un jour, l'estropié dit : — Certainement, nous ne pouvons pas passer notre vie sans parler à une âme. J'ai entendu dire que, dans telle ville, habite un riche marchand qui a une fille, et la fille de ce marchand est très-bonne pour les pauvres et les estropiés. Elle fait l'aumône à chacun. Allons la chercher, frère, elle vivra ici et gardera la maison pour nous.

L'aveugle prit une charrette, y assit l'estropié et le traîna à la ville; il s'arrêta dans la cour du riche marchand. La fille du marchand les vit de sa croisée et leur fit l'aumône.

En s'approchant de l'estropié, elle dit : — Prends ceci, pauvre homme, au nom du Christ.

Katoma fit semblant de prendre le présent; mais il saisit la jeune fille par la main, la poussa dans le chariot, appela à lui l'aveugle, qui entraîna le chariot d'un tel pas que personne ne put l'atteindre, même à cheval.

Le marchand envoya du monde à leur poursuite, mais on ne put les atteindre.

Les héros emmenèrent la fille du marchand dans la hutte de la forêt et lui dirent :

— Tenez-nous lieu de sœur, demeurez avec nous; car nous, pauvres malheureux, nous n'avons personne pour préparer nos repas et laver nos chemises. Dieu vous récompensera si vous le faites.

La fille du marchand resta avec eux. Les héros la respectèrent, la chérirent et la considérèrent comme leur sœur. Ils avaient coutume de chasser tout le jour; pendant ce temps, leur sœur d'adoption restait à la maison. Elle veillait au ménage, préparait les repas et blanchissait le linge.

Mais, au bout de quelque temps, une Baba Yaga se mit à hanter la hutte et à sucer la respiration de la fille du marchand. Les héros n'étaient pas plutôt partis à la chasse que la Baba Yaga accourait sans tarder. Bientôt la figure de la belle fille commença à fondre, et elle devint faible et maigre.

L'aveugle ne pouvait rien voir. Mais Katoma remarquait que les choses n'allaient pas bien. Il en parla à l'aveugle, et tous deux allèrent trouver leur sœur d'adoption et se mirent à la questionner. Mais la Baba Yaga lui avait formellement défendu de dire la vérité. Pendant longtemps, la jeune fille eut peur de faire connaître son chagrin à ses frères; pendant longtemps elle tint bon, mais enfin ses frères la conjurèrent de tout leur découvrir sans réserve.

— Aussitôt que vous êtes partis pour la chasse, dit-elle, une très-vieille femme arrive immédiatement dans notre chaumière; sa figure est farouche, et ses longs cheveux sont gris. Elle s'assied alors et m'ordonne d'arranger sa chevelure ; et pendant ce temps elle suce ma respiration.

— Ah! dit l'aveugle, c'est une Baba Yaga. Attends un peu, il faut que nous la traitions d'après sa propre méthode; demain nous n'irons pas à la chasse, mais nous essaierons de l'attirer et de mettre la main sur elle.

Le lendemain matin, les héros n'allèrent donc pas à la chasse.

— Toi, père sans pieds, dit l'aveugle, tu vas t'asseoir sur le banc, et tu y resteras sans bouger; quant à moi, j'irai dans la cour et me placerai sous la fenêtre. Toi, chère sœur, assieds-toi auprès de la fenêtre, et lorsque tu coifferas Baba Yaga, sépare tranquillement une boucle de ses cheveux et laisse la pendre par la fenêtre. Je m'emparerai d'elle en lui saisissant ses longs cheveux gris.

Ce qui fut dit fut fait. L'aveugle s'empara de la Baba Yaga au moyen de ses longs cheveux gris, et cria :

— Ici, père Katoma; descends de ton banc et saisis cette vipère de femme, et tiens-la bien, pendant que j'entre dans la hutte.

La Baba Yaga entendit ces terribles paroles et essaya de sauter pour se délivrer.

— Allez-vous-en, laissez-moi tranquille.

Elle tirait et tirait de toutes ses forces, mais n'arrivait pas à se délivrer.

Alors, père Katoma se laissa glisser de dessus son banc, tomba sur la sorcière comme une montagne de pierres et se mit à l'étrangler jusqu'à ce que le ciel disparut aux yeux de la Baba Yaga.

Alors, l'aveugle bondit dans la chaumière et dit à l'estropié :

— Maintenant, assemblons une grande pile de bois, consumons cette maudite dans le feu et jetons ses cendres au vent.

La Baba Yaga se mit à les implorer.

— Mes pères, mes chéris, pardonnez-moi. Je ferai tout ce que vous voudrez.

— Très-bien, vieille sorcière. Alors, montre-nous la fontaine de la guérison et l'eau qui rend la vie, s'écrièrent les héros.

— Volontiers; seulement ne me tuez pas et je vous y conduirai tout de suite.

— Bien.

Katoma s'assit sur le dos de l'aveugle. L'aveugle saisit la Baba Yaga par les cheveux ; elle les conduisit dans les profondeurs de la forêt et les amena auprès d'un puits et leur dit :

— Voici l'eau qui guérit et qui donne la vie.

— Surveille-la, père Katoma, cria l'aveugle, et tiens-la bien. Ne faisons pas de sottise; si elle nous trompe maintenant, nous nous en repentirons toute la vie.

Katoma coupa une branche verte à un arbre et la plongea dans le puits. La branche n'eut pas plutôt touché l'eau qu'elle s'enflamma.

— Ah! tu as donc voulu nous tromper! dirent les

héros. Et ils recommencèrent à étrangler Baba Yaga et à vouloir précipiter la maudite dans la fontaine de feu.

Plus que jamais, la Baba Yaga implora leur merci, jurant avec de grands serments qu'elle ne les tromperait pas cette fois.

— Sur mon honneur, je vous conduirai à l'eau que vous cherchez, dit-elle.

Les héros consentirent à cette seconde épreuve, et la sorcière les mena à une autre fontaine.

Le père Katoma coupa un rameau sec d'un arbre et le plongea dans la fontaine. Le rameau avait à peine effleuré l'eau que déjà il était verdoyant; il se couvrit de bourgeons et il en sortit des boutons prêts à fleurir.

— Viens, maintenant, dit Katoma, c'est l'eau que nous voulons.

L'aveugle s'en baigna les yeux et aussitôt la vue lui revint.

Il plongea l'estropié dans l'eau et ses pieds repoussèrent. Alors ils se réjouirent tous les deux et chacun dit à l'autre :

— Maintenant le temps est venu de nous venger.

— Nous ferons désormais tout ce que nous avions coutume de faire jadis. Seulement, d'abord, finissons-en avec Baba Yaga. Si nous lui pardonnions maintenant, nous aurions toujours la mauvaise chance contre nous ; toute sa vie elle n'a rêvé que faire du mal.

En conséquence, ils retournèrent à la fontaine de feu, y précipitèrent la Baba Yaga, et bientôt elle y termina son existence.

Après cela, Katoma épousa la fille du marchand et tous trois s'en allèrent au royaume d'Anna la Belle afin de délivrer le prince Ivan.

Quand ils approchèrent de la capitale, ils aperçurent le prince Ivan qui conduisait un troupeau de vaches.

— Arrête, bouvier, dit Katoma; où mènes-tu ces vaches?

— Je les conduis dans l'étable de la princesse, répliqua le prince. La princesse vient toujours voir par ses yeux si toutes ses vaches sont au complet.

— Viens ici, bouvier; prends mes vêtements et endosse-les, je mettrai le tien et je ramènerai les vaches.

— Non, frère, ce n'est pas possible. Si la princesse s'en apercevait, il m'arriverait malheur.

— N'aie aucune frayeur; rien ne t'arrivera. Katoma t'en sera garant.

Le prince Ivan soupira et dit : — Ah! homme charitable, si Katoma vivait encore, je ne mènerais pas ces vaches aux champs.

Alors Katoma se découvrit à lui. Le prince Ivan l'embrassa chaudement et fondit en larmes.

— Je n'avais jamais espéré te revoir.

Puis ils échangèrent leurs vêtements.

Le gouverneur ramena ensuite les vaches à l'étable de la princesse.

Anna la Belle vint sur le balcon, regarda si toutes les vaches y étaient et ordonna qu'elles fussent ramenées dans leurs étables.

Les vaches entrèrent toutes à l'étable, excepté la dernière, qui resta à la porte.

Katoma s'élança vers elle en s'écriant :

— Qu'est-ce que tu attends, viande de chien ?

Puis il la saisit par la queue et la tira si fort qu'il arracha la queue de la vache.

La princesse en fut témoin et cria d'une voix forte :

— Que fait donc cette brute de bouvier ? Qu'on le saisisse et qu'on me l'amène.

Alors les serviteurs s'emparèrent de Katoma et le traînèrent au palais.

Il les suivit, refusant de faire des excuses et comptant sur lui-même. Il l'amenèrent devant la princesse.

Elle le regarda et lui demanda :

— Qui es-tu ? d'où viens-tu ?

— Je suis celui dont tu as fait couper les pieds et que tu as ensuite abandonné sur un tronc d'arbre. Mon nom est Katoma à la tête de chêne.

— Bien ! pensa la princesse ; maintenant que ses pieds sont repoussés, il faut qu'à l'avenir je marche droit.

Et elle commença à le supplier, ainsi que le prince de lui pardonner. Elle confessa tous ses péchés et s'engagea par serment à aimer toujours le prince Ivan et à lui obéir désormais en toutes choses.

Le prince Ivan lui pardonna et vécut avec elle dans la paix et la concorde.

Le héros qui avait été aveugle demeura avec eux ; pour Katoma, il revint avec sa femme dans la maison de son beau-père, le riche marchand, et ils prirent leur demeure sous son toit.

LA PRINCESSE HÉLÈNE LA BELLE

« Nous affirmons que nous sommes des gens sages. Mais les vieillards ne sont pas de cet avis et ils disent :

» Non, non, nous étions plus sages que vous ne l'êtes ;

» Et toutes les histoires l'ont ainsi raconté avant que nos grands-pères eussent appris quelque chose; avant même que les grands-pères de ceux-ci fussent nés. »

Il vivait dans une certaine contrée un vieillard de cette espèce, qui apprenait à ses trois fils à lire et à écrire et leur enseignait tout ce qu'il y avait dans les livres.

Un jour, il leur dit :

— Mes enfants, quand je mourrai, n'oubliez pas d'aller dire des prières sur ma tombe.

— Très-bien, père ! très-bien ! répliquèrent-ils.

Les deux frères aînés étaient des garçons bien découplés, très-grands et très-vigoureux. Quant au plus jeune, Ivan, il semblait s'être arrêté au milieu de sa croissance, et il avait l'air d'un caneton à moitié déplumé; en somme, tout à fait inférieur aux autres.

Bien. — Leur père mourut.

Dans ce même temps, il arriva des nouvelles du roi. Sa fille, la princesse Hélène la Belle, avait commandé de bâtir un temple avec douze colonnes et douze rangées de poutres. Dans ce temple, elle devait s'asseoir sur un trône élevé, attendant son fiancé, le hardi jeune homme qui, d'un seul bond de son rapide coursier, s'élèverait assez haut pour la baiser sur les lèvres.

Une grande émotion s'empara de tous les jeunes gens du pays. Chacun de se lécher les lèvres, de se gratter la tête et de se demander auquel d'entre eux un si grand honneur devait échoir.

— Frères, dit le petit Ivan, notre père est mort. Qui de nous lira des prières sur sa tombe?

— Que celui à qui cela convient y aille, répondirent les frères.

Le petit Ivan y alla.

Quant à ses frères aînés, ils ne firent rien qu'exercer leurs chevaux, boucler leur chevelure et cirer leurs moustaches.

La deuxième nuit arriva.

— Frères, dit le petit Ivan, j'ai fait ma part de lecture; c'est votre tour maintenant. Qui de vous ira?

— Que celui à qui cela convient aille lire les prières. Quant à nous, nous avons autre chose à faire; ne t'occupe pas de nous.

Et ils retroussèrent leurs chapeaux, crièrent, excitèrent leurs chevaux, parcoururent un chemin, s'élancèrent dans un autre et sillonnèrent tout le pays.

Pendant ce temps, le petit Ivan lut les prières. — La troisième nuit il fit de même.

Bien. — Ses frères ayant préparé leurs chevaux, peignèrent leurs moustaches et se disposèrent à aller le lendemain déployer leur courage devant les yeux d'Hélène la Belle.

— Prendrons-nous avec nous le petit frère? dirent-ils.

— Non! non! à quoi cela nous servirait-il? Il ferait rire tout le monde et nous couvrirait de confusion. Allons-y tout seuls.

Alors ils partirent. Mais le petit Ivan était très-désireux aussi d'aller voir la princesse Hélène la Belle. Il cria et se lamenta amèrement et se rendit à la tombe de son père.

Son père l'entendit dans son cercueil, il vint à son fils en secouant la terre humide qui couvrait son corps, et lui dit :

— Ne te plains pas, mon petit Ivan, je te secourrai dans ta peine.

Et aussitôt le vieillard se dressa, et il appela tout haut et poussa un sifflement aigu.

Dieu sait de quel endroit sortit un cheval. La terre tremblait tout autour; le feu jaillissait de ses oreilles et de ses naseaux. Il courut çà et là, puis s'arrêta devant le vieillard, comme fixé en terre, en s'écriant:

— Quels sont tes ordres ?

Le petit Ivan s'introduisit dans une des oreilles du cheval et sortit par l'autre, et il devint un héros tel qu'aucune légende ne peut le raconter, aucune plume le décrire.

Il monta le cheval, mit ses poings sur ses hanches et vola, comme un faucon, droit à la demeure de la princesse Hélène.

D'un mouvement de la main, d'un seul bond, il lança son cheval; mais il manqua seulement de la largeur de deux rangées de poutres.

Il revint en arrière, se remit à galoper, sauta de nouveau et arriva à la distance d'une seule largeur de poutre.

Une fois de plus il revint en arrière, il retourna son cheval, passa devant les yeux comme un trait de feu, prit bien ses mesures et arriva juste pour baiser la belle Hélène sur les lèvres.

— Qui est-ce ? qui est-ce ? Arrêtez-le ! arrêtez-le !

Tel fut le cri général; mais on ne put retrouver sa trace.

Il revint en galopant jusqu'à la tombe de son père, rendit la liberté au cheval, se prosterna sur la terre et demanda conseil à son père.

Et le vieillard tint conseil avec lui.

Quand Ivan fut revenu à sa demeure, il ne fit pas connaître qu'il s'était éloigné.

Ses frères causèrent ensemble, racontant où ils avaient été, ce qu'ils avaient vu. Il les écouta comme si de rien n'était.

Le lendemain, il y avait nouvelle réunion dans le château de la princesse; il y avait plus de boyards et de nobles qu'un regard ne peut en embrasser.

Les frères aînés se rendirent à cheval à la fête. Le jeune frère y alla aussi; mais à pied, simplement et modestement, tout comme s'il n'avait pas embrassé la princesse. Il alla s'asseoir dans un coin éloigné.

La princesse Hélène appela son fiancé, désirant le montrer à la foule assemblée, et voulant lui donner la moitié de son royaume; mais le fiancé ne se montrait pas.

Des recherches furent faites parmi les boyards, parmi les généraux; chacun fut examiné à son tour, mais sans résultat.

Pendant ce temps, le petit Ivan regardait, souriant et s'épanouissant de joie, et attendant que la fiancée vînt elle-même jusqu'à lui.

— Je lui ai donc plu, dit-il, lorsque je lui ai apparu comme un galant cavalier? Maintenant, laissons-la tomber amoureuse de moi dans mon simple caftan.

Alors, la princesse se leva, regarda tout autour de la salle, avec des yeux brillants qui jetaient de l'éclat sur tous ceux qui l'environnaient. Elle aperçut et reconnut son fiancé, le fit asseoir près d'elle, et promptement fut unie à lui. Et lui, bon Dieu ! quel habile, brave et beau gentilhomme il devint !

Si vous l'aviez seulement vu monter son rapide coursier, retrousser son chapeau, poser les poings sur ses hanches, vous eussiez dit que c'était un roi, un roi de naissance.

Jamais vous n'eussiez cru qu'il avait été autrefois le petit Ivan.

ÉMILIEN LE NIGAUD

Il y avait une fois trois frères. Deux d'entre eux avaient beaucoup d'esprit, mais le troisième était un imbécile.

Les frères aînés se disposèrent à vendre leurs biens dans les villes en aval de la rivière, et ils dirent à l'Imbécile :

— Souviens-toi, Imbécile, d'obéir à nos femmes et de les respecter comme si chacune d'elles était ta mère. Nous t'achèterons en récompense des bottes rouges, un caftan rouge et une chemise rouge.

L'Imbécile leur dit : — Très-bien, je les respecterai.

Ils donnèrent leurs ordres à l'Imbécile et s'en allèrent aux villes qui sont le long de la rivière. Quant à l'Imbécile, il grimpa sur le haut du poêle et y resta couché.

Les femmes de ses frères lui dirent :

— Qu'est-ce que tu fais là, Imbécile? Tes frères t'ont donné l'ordre de nous rendre tes respects et en récompense de ta conduite, chacun d'eux a l'intention de te rapporter un présent. Mais toi, tu te couches sur le poêle et tu restes à ne rien faire. Va nous chercher de l'eau à tout événement.

L'Imbécile prit une paire de seaux et alla chercher de l'eau. Comme il la puisait, un brochet entra dans son seau. L'Imbécile s'écria :

— Gloire à Dieu! je vais faire cuire ce brochet et je le mangerai tout entier moi seul. Je n'en donnerai pas un morceau à mes belles-sœurs; je suis sauvage avec elles.

Le brochet lui dit avec une voix humaine :

— Ne me mange pas, Imbécile; si tu me remets dans l'eau, cela te portera bonheur

L'Imbécile lui dit :

— Quel bonheur puis-je espérer de toi?

— Eh bien, je t'accorde que tout ce que tu diras sera fait. Dis, par exemple :

« Par l'ordre du brochet, à ma demande, retournez à la maison, mes seaux, et mettez-vous à votre place. »

L'Imbécile n'eut pas plutôt prononcé ces paroles que immédiatement les seaux revinrent tout seuls à la maison et reprirent leur place.

Les belles-sœurs regardèrent et s'émerveillèrent.

— Quelle espèce d'imbécile est-ce donc? dirent-elles. Eh quoi! il est si malin, vous le voyez, que ces seaux sont revenus à la maison et ont repris leur place d'eux-mêmes.

L'Imbécile revint et alla se coucher aussitôt sur le poêle.

Les femmes de ses frères lui dirent de nouveau :

— Pourquoi restes-tu couché comme cela sur le poêle, Imbécile ? Il n'y a pas de bois pour le feu ; va donc nous en chercher.

L'Imbécile prit deux haches et monta dans un traîneau, mais sans y atteler le cheval.

— Par l'ordre du brochet, s'écria-t-il, à ma requête, mène-moi dans la forêt, ô traîneau !

Le traîneau partit avec fracas, comme s'il était poussé par quelqu'un.

L'Imbécile eut à passer par une ville, et tous ceux qu'il rencontrait, il les forçait de se coller contre les murs d'une façon tout à fait imposante pour laisser passer le traîneau sans cheval. — Ils se mirent tous à crier :

— Arrêtez-le ! saisissez-le !

Mais personne ne put mettre la main sur lui. L'Imbécile arriva dans la forêt, descendit du traîneau, s'assit sur un tronc d'arbre et dit :

— Que l'une de mes cognées abatte les arbres. Pendant ce temps-là, l'autre les taillera en bûches.

Bien. — Le bois fut bientôt coupé et s'empila sur le traîneau. Alors l'Imbécile dit :

— Maintenant, que l'une des cognées aille me couper un gourdin aussi pesant que je le puisse porter.

La cognée partit lui couper le gourdin, et le gourdin vint se placer sur la charge de bois.

L'Imbécile s'assit sur le siége et conduisit le traîneau.

Il passa par la ville. Mais les habitants étaient venus à sa rencontre et cherchaient après lui depuis longtemps.

Alors, ils arrêtèrent l'Imbécile, le prirent au collet et commencèrent à le pousser.

L'Imbécile s'écria :

— Par ordre du brochet, à ma requête, ô gourdin ! mets-toi en mouvement tout seul.

Gourdin sauta du traîneau ; il se mit à cogner et à battre et à frapper sur tous les gens qui étaient là, de toute sa force. Alors ils tombèrent par terre et jonchèrent la route comme des gerbes de blés détachées.

L'Imbécile se débarrassa ainsi de ces importuns, revint à sa demeure, déchargea le bois et alla encore se coucher sur le poêle.

Pendant ce temps, les habitants de la ville firent une pétition contre lui et le dénoncèrent au roi, en disant :

— On dit qu'il n'y a pas moyen de s'emparer de lui de la manière dont nous l'avons essayé. Il faut que nous l'attirions par ruse, et le meilleur moyen, c'est de lui promettre un caftan rouge, une chemise rouge et des bottes rouges.

Alors les coureurs du roi vinrent trouver l'Imbécile :

— Venez chez le roi, lui dirent-ils, il vous donnera

des bottes rouges, un caftan rouge et une chemise rouge.

Alors l'Imbécile cria :

— Par ordre du brochet, à ma prière, ô poêle, porte-moi au roi.

Il était sur le poêle pendant ce temps. Le poêle partit et l'Imbécile arriva chez le roi.

Le roi allait le mettre à mort. Mais il avait une fille et elle s'éprit d'un violent amour pour l'Imbécile. Alors elle demanda à son père de le lui donner pour époux. Son père se mit en colère. Néanmoins, il les maria ; mais il donna l'ordre de les mettre tous deux dans un tuyau, puis de goudronner le tuyau et de le précipiter dans la rivière ; ce qui fut fait.

Longtemps le tuyau flotta sur la mer.

Sa femme commença à supplier l'Imbécile :

— Tâchez donc de nous faire rejeter sur le rivage.

— Par ordre du brochet, à ma requête, cria l'Imbécile, que ce tuyau aborde au rivage et qu'il s'ouvre aussitôt.

Alors, l'Imbécile et sa femme sortirent tous deux du tuyau. Puis la princesse lui demanda de bâtir un abri.

L'Imbécile cria :

— Par ordre du brochet, à ma requête, qu'un palais soit bâti, et qu'il s'élève immédiatement en face du palais du roi.

Tout cela fut fait en un instant.

Le lendemain matin, le roi aperçut le nouveau palais et envoya demander quel était celui qui l'habitait.

Aussitôt qu'il eut appris que sa fille y demeurait, il la fit appeler sans tarder, ainsi que son mari.

Ils vinrent. — Le roi leur pardonna, et ils vécurent tous heureux ensemble désormais.

LA JEUNE SORCIÈRE

Un soir, à une heure déjà avancée, un cosaque entra dans un village, poussa jusqu'à la dernière chaumière et cria :

— Eh ! maître, voulez-vous me laisser passer la nuit chez vous ?

— Entrez, si vous ne craignez pas la mort ! lui répondit-on.

— Quelle singulière réponse ! pensa le cosaque, tout en mettant son cheval à l'écurie. Après qu'il eut donné la nourriture à son cheval, il entra dans la chaumière. Il y trouva ses hôtes, puis des hommes, des femmes, des petits enfants, tous sanglotant et criant, et faisant des prières à Dieu ; et quand tous ces pauvres gens eurent terminé leurs prières, ils commencèrent à revêtir des chemises blanches.

— Qu'est-ce que vous avez à crier ? demanda le cosaque.

— Nous nous lamentons, comme vous le voyez, répliqua le maître de la maison, parce que la mort vient chaque nuit dans notre village. Lorsqu'elle visite une chaumière, il ne reste plus le lendemain qu'à mettre tous ceux qui y demeuraient dans les cercueils et à les porter au cimetière. Cette nuit, c'est notre tour.

— Cessez de craindre, maître. Sans la volonté de Dieu, un cochon ne peut s'engraisser.

Les habitants de la maison se livrèrent au sommeil; quant au cosaque, il resta sur ses gardes et ne ferma pas l'œil.

A minuit sonnant, la fenêtre s'ouvrit. A la fenêtre apparut une sorcière tout en blanc. Elle prit un goupillon, passa son bras dans la chaumière et se disposait à asperger tout le monde, quand le cosaque fit le moulinet avec son sabre et lui coupa le bras près de l'épaule.

La sorcière hurla, cria, jappa comme un chien et s'enfuit.

Quant au cosaque, il ramassa le bras mutilé, le cacha sous son vêtement, lava les taches de sang, puis se coucha et s'endormit.

Le lendemain matin, le maître et la maîtresse s'éveillèrent; ils trouvèrent chacun vivant et bien portant et ils s'en réjouirent au-delà de toute expression.

— Si vous le voulez, dit le cosaque, je vous montrerai la mort! Rassemblez tous les gardes et les gendarmes du pays aussi vite que possible, et parcourons le village à sa recherche.

Aussitôt tous les gardes et les gendarmes accoururent et allèrent de maison en maison.

Dans la première, ils ne trouvèrent rien; dans le

suivantes, pas davantage ; mais à la fin, ils arrivèrent à la maison du fossoyeur.

— Toute votre famille est-elle présente? demanda le cosaque.

— Non, l'une de mes filles est malade. Elle est couchée sur le poêle.

Le cosaque regarda du côté du poêle.

L'un des bras de la fille avait évidemment été coupé.

Alors il raconta l'histoire de ce qui s'était passé, et tira de dessous son manteau le bras qu'il avait coupé.

La commune récompensa le cosaque en lui donnant une belle somme d'argent, et la sorcière fut jetée à l'eau.

LA PRINCESSE SANS TÊTE

Il y avait une fois un roi, et ce roi avait une fille qui était magicienne. Près de la demeure royale habitait un pope, et ce pope avait un garçon de dix ans qui, tous les jours, allait apprendre chez une vieille femme à lire et à écrire. Or, il arriva un jour qu'il revint de sa leçon assez tard dans la soirée, et comme il passait près du palais, il regarda à l'une des croisées. Il vit la princesse assise près de la fenêtre et s'occupant de sa toilette. Elle enleva sa tête, la savonna avec du savon, la lava à l'eau claire, peigna sa chevelure, tressa la longue natte qu'elle avait par derrière, puis remit sa tête à sa place. L'enfant resta saisi d'effroi.

— Quelle étonnante créature! s'écria-t-il ; c'est une vraie sorcière.

Et quand l'enfant fut revenu chez lui, il raconta à chacun comment il avait vu la princesse sans tête.

Or, il arriva que la fille du roi tomba gravement malade; alors, elle envoya chercher son père et lui demanda de suivre à la lettre ses instructions, en lui disant :

— Si je meurs, je veux que le fils du pope lise des psaumes sur moi trois nuits de suite.

La princesse mourut. On la mit dans un cercueil, on la porta à l'église. Alors, le roi manda le pope et lui dit :

— Avez-vous un fils?

— Oui, Votre Majesté!

— Eh bien, dit le roi, je veux qu'il veille ma fille trois nuits de suite, en lisant des psaumes.

Le pope revint chez lui et ordonna à son fils de se tenir prêt.

Au matin, le fils du pope alla à ses leçons, et penché sur son livre le regardait tristement.

— Qu'est-ce qui te rend malheureux? demanda la vieille femme qui l'instruisait.

— Comment ne pas être triste, quand j'ai tant sujet de l'être?

— Quel est le sujet de ton chagrin? Dis-le-moi franchement.

— Eh bien, grand'mère, je dois lire des psaumes sur le corps de la princesse; or, vous savez qu'elle était sorcière.

— Je sais ce que tu as fait; mais n'aie pas peur. Voici un couteau. Quand tu entreras dans l'église, trace un cercle autour de toi; puis lis le psautier et ne regarde pas derrière toi. Quoi qu'il arrive, quelles que soient les horreurs qui t'apparaissent, ne pense qu'à ton affaire et continue de lire, de lire toujours. Car si tu retournes la tête, ce sera fini de toi.

Le soir, l'enfant alla à l'église, traça un cercle autour de lui avec le couteau et commença à lire les psaumes.

Minuit sonna; le couvercle du cercueil se souleva, la princesse se dressa, sauta hors du cercueil et cria :

— Maintenant, je vais t'apprendre à regarder furtivement par les croisées et à raconter à tout le monde ce que tu as vu.

Elle se précipita sur le fils du pope ; mais elle ne put pénétrer dans le cercle. Alors, elle commença à conjurer toutes sortes d'horreurs. Mais en dépit de ses efforts, l'enfant continua à lire et à lire toujours, sans jamais regarder autour de lui. Et à l'aurore, la princesse se précipita dans son cercueil, et s'y coucha de toute sa longueur, tout d'une masse.

La seconde nuit, les mêmes événements se reproduisirent. Le fils du pope n'eut pas la moindre peur et continua sa lecture sans s'arrêter, jusqu'à l'aurore. Au matin, arriva la vieille femme qui lui demanda :

— Eh bien, as-tu vu des choses terribles?

— Oui, grand'mère.

— Ce sera encore plus terrible cette fois. Voici un marteau et quatre clous, enfonce-les dans les quatre coins du cercueil, et quand tu commenceras à lire le psautier, plante le marteau devant toi.

Le soir, le fils du pope se rendit à l'église et fit comme la vieille femme le lui avait conseillé. Minuit sonna, le couvercle du cercueil tomba à terre, la princesse s'en élança et commença à se démener de côté et d'autre, en menaçant le jeune garçon. Puis elle fit des conjurations terribles, plus terribles encore que les précédentes. Il lui sembla que le feu allait faire éclater l'église; les murailles étaient enveloppées de flammes; mais l'enfant tint sa tête baissée et continua à lire, sans jamais regarder derrière lui. Comme les nuits précédentes, au point du jour, la princesse se rejeta dans son cercueil.

Aussitôt le feu sembla s'éteindre et la diablerie s'évanouit.

Le roi arriva le matin dans l'église, il vit que le cercueil était ouvert; dans le cercueil gisait la princesse, la figure bouleversée.

— Qu'est-ce que tout cela veut dire? s'écria-t-il.

Le garçon lui raconta ce qui s'était passé.

Alors, le roi donna l'ordre d'enfoncer un pieu de tremble dans la poitrine de sa fille et de jeter son cadavre dans une fosse. Puis il récompensa le fils du pope en lui donnant une somme d'argent et plusieurs terres.

LA VEILLÉE DE MINUIT DU SOLDAT

Il y avait une fois un soldat qui servait Dieu et l'empereur depuis quinze ans, sans avoir jamais pu revoir ses parents. Au bout de ce temps, il reçut l'ordre du tzar de donner la permission à ses soldats — il y en avait vingt-cinq par compagnie dans ce temps — d'aller voir leur famille. Notre soldat, de même que ses compagnons, partit de son côté pour revoir sa maison qui était dans le gouvernement de Kiew. Après quelque temps, il atteignit Kiew, visita le Lavra, pria Dieu, s'inclina devant les saintes reliques et se rendit au lieu de sa naissance, ville de province peu éloignée de là. Il marcha et marcha. Soudain, il lui arriva de rencontrer une belle demoiselle qui était la fille d'un marchand de la même ville et qui était d'une très-remarquable beauté. Or chacun sait que quand un soldat jette les yeux sur une jolie fille, rien ne le fera passer à côté d'elle tranquillement, mais qu'il s'attache toujours à elle d'une façon ou d'une autre.

Aussi, le soldat marcha côte à côte de la fille du marchand et lui dit en plaisantant :

— Eh ! belle demoiselle, on ne vous a pas encore imposé le harnais ?

— Soldat, Dieu seul peut savoir qui me le mettra, répliqua la jeune fille. C'est peut-être moi qui vous l'imposerai : il se peut aussi que ce soit vous.

Ainsi disant, elle se mit à rire et suivit son chemin. Puis, le soldat arriva chez lui, salua sa famille et se réjouit grandement de trouver chacun en bonne santé.

Or il avait un vieux grand-père dont les cheveux et la barbe étaient aussi blancs qu'une hermine, et qui avait déjà cent ans passés. Le soldat bavarda avec lui et lui dit :

— Comme je venais ici, grand-père, il m'est arrivé de rencontrer une fille extraordinairement belle, et, pécheur que je suis, je l'ai plaisantée, et elle m'a dit : « Dieu sait, soldat, si vous me mettrez le harnais ou si c'est moi qui vous l'imposerai ! »

— Eh ! mon fils, qu'as-tu fait ? C'est la fille de notre marchand près d'ici, une véritable sorcière. Elle a envoyé plus d'un beau jeune homme dans le monde des ténèbres.

— Bien, bien ; je ne suis pas un poltron, vous ne m'effrayez pas. Nous attendrons et nous verrons ce que Dieu enverra.

— Petit-fils, dit le grand-père, si tu ne m'écoutes pas, tu ne seras pas vivant demain !

— Tu me fais là un joyeux pronostic ! dit le soldat.

— Ma prédiction est malheureusement si véridique, que tu n'as jamais connu rien de plus vrai quand tu étais soldat.

— Que dois-je donc faire, grand-père ?

— Voilà. Munis-toi d'une bride, prends un fort gourdin de tremble et reste tranquillement dans la cabane. Ne fais pas un pas dehors. Pendant la nuit, la sorcière s'introduira dans ta chambre ; mais si elle parvient à dire avant toi : « Reste tranquille, mon coursier ! » tu seras immédiatement changé en cheval. Alors elle sautera sur ton dos et te fera galoper jusqu'à ce qu'elle t'ait fait périr de fatigue. Si, au contraire, tu arrives à dire avant qu'elle ne parle : « Brrr, reste tranquille, rosse ! » c'est elle qui sera changée aussitôt en jument. Alors, tu la brideras et tu sauteras sur son dos. Elle courra par monts et par vaux ; mais tiens-toi bien, frappe-la sur la tête avec ton bâton de tremble et continue ainsi jusqu'à ce que tu l'aies mise à mort !

Le soldat ne s'attendait pas à une telle intrigue ; mais il ne lui était pas possible de l'éviter. Alors il suivit le conseil de son grand-père, se pourvut d'une bride et d'un bâton de tremble, alla s'asseoir dans un coin et attendit pour voir ce qui arriverait. A l'heure de minuit, la porte d'entrée grinça, et il entendit un bruit de pas ; la sorcière s'approchait. Au moment où la porte de la chambre s'ouvrit, le soldat cria immédiatement :

— Brrr, reste tranquille, rosse !

La sorcière se changea en jument, le soldat la brida, la conduisit dans la cour et lui sauta sur le dos. La jument l'emporta par les collines, par les vallons et par les ravins, et fit tout ce qu'elle put pour se débarrasser de son cavalier. Mais en vain; le soldat la serrait fortement et la rouait de coups sur la tête avec son bâton de tremble, et il continua à lui faire tâter du gourdin jusqu'à ce qu'il l'eut étendue à ses pieds. Alors il se jeta sur elle; lorsqu'elle fut à terre, il lui donna encore une demi-douzaine de coups, et enfin la battit jusqu'à la mort.

Au point du jour, il rentra à la maison.

— Eh bien, mon ami, comment t'es-tu conduit? demanda son grand-père.

— Gloire à Dieu! grand-père, je l'ai battue jusqu'à la mort.

— Très-bien; maintenant, couche-toi et dors.

Le soldat alla se coucher et tomba dans un profond sommeil. Vers le soir, le vieillard l'éveilla.

— Lève-toi, petit-fils.

Il se leva.

— Que faut-il faire maintenant?

— Dès que le marchand saura que sa fille est morte, il viendra te trouver et te demander de venir chez lui pour lire des psaumes sur le cadavre.

— Eh bien, grand-père, dois-je y aller ou non?

— Si tu y vas, ce sera ton dernier jour, et si tu n'y vas pas, il en sera de même. Il vaut cependant mieux que tu y ailles.

— Et s'il m'arrive quelque événement, comment dois-je me conduire?

— Écoute, petit-fils. Quand tu seras chez le marchand, il t'offrira de l'eau-de-vie; mais n'en bois pas beaucoup, prends-en seulement un tout petit verre.

— Ensuite, le marchand t'emmènera dans la chambre où sa fille est couchée dans son cercueil, et il fermera a porte à double tour. Tu liras le psautier toute la soirée et jusqu'à minuit. A minuit sonnant, un vent violent se mettra tout à coup à souffler, le cercueil s'ébranlera et son couvercle tombera. Aussitôt que ces horreurs commenceront, saute sur le poêle aussi vite que tu le pourras, blottis-toi dans un coin, et fais ta prière à voix basse! Elle ne pourra te découvrir.

Une demi-heure après, arriva le marchand. Il demanda le soldat en disant :

— Ah! soldat, ma fille est morte. Viens lire des psaumes auprès d'elle.

Le soldat prit son psautier et se rendit à la maison du marchand.

Celui-ci parut très-satisfait, le fit asseoir à sa table, et lui offrit à boire de l'eau-de-vie. Le soldat but, mais modérément, et refusa de boire davantage. Le marchand le prit par la main et le mena à la chambre où était le corps.

— Maintenant, dit-il, lis ton psautier.

Puis il sortit et ferma la porte. Il n'y avait plus à reculer. Aussi le soldat prit son psautier et lut, et lut.

A minuit sonnant, un grand vent s'éleva, le cercueil commença à se balancer, son couvercle se souleva. Le soldat sauta rapidement sur le poêle, se cacha dans un coin, fit par précaution le signe de la croix, et commença de murmurer des prières.

Pendant ce temps, la sorcière avait sauté hors du cercueil, elle se mit à courir de côté et d'autre, tantôt ici, et tantôt là. Alors apparurent des essaims innombrables de mauvais esprits. La chambre en était pleine.

— Que cherchez-vous? dirent-ils.

— Un soldat. Il n'y a qu'un moment, il lisait encore ici et maintenant il s'est évanoui.

Les démons se mirent immédiatement à sa recherche.

Ils cherchèrent et cherchèrent, et fourragèrent dans tous les coins.

A la fin, ils jetèrent les yeux sur le poêle. A cet instant, heureusement pour le soldat, les coqs se mirent à chanter. En un clin-d'œil, tous les démons s'évanouirent et la sorcière tomba comme une masse sur le plancher. Le soldat sauta du poêle, mit le corps dans le cercueil, le recouvrit du couvercle, et se remit à lire son psautier.

Au point du jour, arriva le maître de la maison. Il ouvrit la porte et dit :

— Salut, soldat!

— Je te souhaite une bonne santé, maître marchand.

— As-tu passé une bonne nuit?

— Gloire en soit à Dieu! certainement.

— Voici cinquante roubles pour toi; mais, mon ami, reviens lire une autre nuit encore.

— Très-volontiers, je reviendrai.

Le soldat retourna chez lui, se coucha sur un banc et dormit jusqu'au soir. Alors, il s'éveilla et dit :

— Grand-père, le marchand m'a ordonné de venir encore lire le psautier une autre nuit. Dois-je y aller ou non?

— Si tu y vas, tu ne resteras pas vivant, et si tu n'y vas pas, ce sera exactement la même chose. Mais il vaut mieux que tu y ailles. Ne bois pas beaucoup d'eau-de-vie; n'en bois que ce qui est nécessaire, et quand le vent soufflera et que le cercueil commencera à s'agiter, fourre-toi tout droit dans le poêle. Là personne ne te découvrira.

Le soldat se tint prêt et se rendit chez le marchand, qui le fit asseoir à sa table et commença à lui verser de l'eau-de-vie.

Après, il l'emmena dans la chambre où était le corps et l'enferma.

Le soldat se mit à lire et lire. Minuit sonna. Le vent souffla, le cercueil s'agita, le couvercle du cercueil tomba par terre. En un moment, le soldat se glissa dans le poêle.

La sorcière s'élança hors du cercueil et courut de tous côtés; autour d'elle, les démons se pressaient; la chambre en était remplie.

— Que cherchez-vous? crièrent-ils.

— Un soldat. Il n'y a qu'un moment, il lisait encore

ici, et maintenant il a disparu; je ne peux parvenir à le trouver.

Les démons sautèrent sur le poêle.

— Voici l'endroit où il était la nuit passée!

La place y était bien; mais lui n'y était plus.

Ils se précipitèrent de tous les côtés. Mais les coqs commencèrent à chanter, les démons s'évanouirent.

La sorcière tomba étendue sur le plancher.

Le soldat s'arrêta un peu pour reprendre haleine, sortit du poêle, replaça la fille du marchand dans son cercueil et se remit à lire le psautier. Alors, il jeta les yeux autour de lui, le jour apparaissait. Son hôte arrive.

— Salut, soldat! dit-il.

— Je te souhaite une bonne santé, maître marchand.

— La nuit s'est-elle bien passée?

— Gloire en soit à Dieu! certainement.

— Viens donc alors.

Le marchand le mena hors de la chambre, lui donna cent roubles et lui dit:

— Reviens, je t'en prie, une troisième nuit; tu n'auras pas à te plaindre de moi.

— Volontiers, je reviendrai.

Le soldat rentra chez lui.

— Eh bien, petit-fils, qu'est-ce que le bon Dieu t'a envoyé? dit son grand-père.

— Pas grand'chose, grand-père. Le marchand m'a dit de revenir. Irai-je ou non?

— Si tu y vas, tu mourras; si tu n'y vas pas, tu mourras aussi; mais il vaut mieux que tu y ailles.

— Mais si quelque chose arrive, où me cacherai-je ?

— Je te le dirai, petit-fils ; achète une poêle à frire et cache-la de façon que le marchand ne la voie pas. Quand tu iras chez lui, il voudra te forcer à boire une mesure d'eau-de-vie avec lui ; fais attention, n'en bois pas beaucoup, mais seulement ce qui est convenable. A minuit, quand le vent grondera, que le cercueil s'agitera, aussitôt grimpe tout en haut du tuyau du poêle et cache ta tête avec la poêle à frire ! Personne ne parviendra à te découvrir.

Le soldat fit un bon somme, acheta une poêle, la cacha sous son vêtement, et, le soir venu, se rendit à la maison du marchand. Celui-ci le fit asseoir à sa table et essaya de lui faire boire de la liqueur ; il lui prodigua toutes sortes de cajoleries et d'invitations pour l'exciter à boire.

— Non, dit le soldat ; je te remercie, je n'en veux pas davantage.

— Eh bien, si tu ne bois pas, va lire ton psautier.

Le marchand le mena près de sa fille morte, le laissa seul avec elle et ferma la porte.

Le soldat lut et lut. Minuit arriva, le vent souffla, le cercueil trembla, le couvercle tomba. Le soldat grimpa sur le tuyau du poêle, se cacha avec la poêle à frire, se mit sous la protection du signe de la croix et attendit ce qui allait arriver.

La sorcière s'élança du cercueil et se mit à courir de côté et d'autre. Autour d'elle se pressèrent des essaims sans nombre de démons ; la cabane en était pleine. Ils se précipitèrent à la recherche du soldat ; ils regardèrent dans le poêle.

— Voici, dirent-ils, l'endroit où il était la dernière nuit ; voici la place, mais lui n'y est plus.

Et ils cherchèrent de tous côtés, et ne le trouvèrent nulle part. Alors, un très-vieux diable s'arrêta sur le seuil :

— Que cherchez-vous?

— Le soldat. Il n'y a qu'un moment qu'il lisait encore ici, et voilà qu'il est disparu !

— Ah! vous n'avez pas d'yeux! Et qui donc est perché sur le tuyau du poêle?

Le cœur du soldat battit violemment ; il faillit se laisser choir.

— C'est lui assurément, crièrent les démons ; mais comment faire pour le prendre? Il n'est pas possible de l'atteindre où il est.

— Impossible! allons donc! Prenez-moi une chandelle qui ait été allumée sans avoir été bénite auparavant.

Aussitôt, les démons apportèrent le bout de chandelle ; ils empilèrent un grand tas de bois tout autour du poêle et y mirent le feu! La flamme s'éleva très-haut, et le soldat commença à rôtir. Il retira sous lui d'abord un pied, puis l'autre!

— Allons! pensa-t-il, ma mort est proche.

Tout à coup, heureusement pour lui, le coq chanta. Les démons disparurent aussitôt et la sorcière tomba étendue sur le plancher.

Le soldat sauta du tuyau de poêle et renversa le tas de bois. Quand il eut tout mis à sa place, il replaça la fille du marchand dans son cercueil, recloua le couvercle et se remit à lire le psautier.

Au point du jour, arriva le marchand. Il écouta à la porte pour deviner si le soldat était vivant ou mort.

Quand il entendit sa voix, il ouvrit la porte et dit :

— Salut, soldat !

— Je te souhaite une bonne santé, marchand.

— As-tu passé une bonne nuit ?

— Gloire en soit à Dieu ! il ne m'est arrivé aucun mal.

Le marchand lui donna cent cinquante roubles et dit :

— Tu as fait de bon ouvrage, soldat. Oblige-moi encore de venir la nuit prochaine, pour porter ma fille au cimetière.

— C'est bien ; je viendrai, dit le soldat ; et il sortit pour retourner chez lui.

— Eh bien, ami, qu'est-ce que Dieu t'a envoyé ?

— Gloire à Dieu ! grand-père, je suis sorti encore une fois sain et sauf de cette épreuve ; mais le marchand m'a demandé d'aller cette nuit chez lui et de porter sa fille au cimetière. Dois-je y aller ou non ?

— Si tu y vas, tu ne reviendras pas vivant ; si tu n'y vas pas, il en sera de même ; toutefois, il faut que tu y ailles, il en sera mieux ainsi.

— Mais que dois-je faire, dites-moi ?

— Voilà. Quand tu arriveras chez le marchand, tout sera prêt pour la cérémonie. A dix heures, les parents de la morte prendront congé d'elle et, après, ils entoureront le cercueil avec trois cercles de fer et le placeront dans le char funéraire ; à onze heures, ils te diront de le porter dans le cimetière. Pars avec le cercueil ; mais surveille bien ce qui se passera autour de toi. Un des cercles se rompra. Ne crains rien, garde bravement ta place ; un second se rompra, garde toujours ta place ; mais quand le troisième cercle éclatera, saute aussitôt du siége sur le dos du cheval, passe à travers l'arceau de bois qui est autour de son cou, et fuis immédiatement en arrière. Fais cela, et aucun mal n'arrivera.

Le soldat alla se coucher, dormit jusqu'au soir, et se rendit ensuite chez le marchand. A dix heures, les parents prirent congé de la morte, puis ils se mirent à l'ouvrage pour assujettir les cerceaux de fer autour du cercueil, et quand ils eurent fini, ils placèrent le cercueil sur le char funéraire et crièrent :

— Maintenant, soldat, pars, et que Dieu te garde !

Le soldat monta sur le char et partit. D'abord, il conduisit lentement ; mais aussitôt qu'il fut hors de vue, laissait le cheval courir de toute sa vitesse.

Il galopa au loin, mais sans perdre de vue un instant le cercueil.

Un cercle éclata, puis l'autre. La sorcière commença à grincer des dents dans son cercueil.

— Arrête, cria-t-elle, tu ne m'échapperas pas, je te mangerai bientôt.

— Non, ma colombe. Les soldats sont propriété de la couronne, personne ne peut y toucher.

A ce moment, le dernier cercle se rompit. Sur le cheval sauta le soldat, puis il se glissa à travers l'arceau de bois, et, une fois à terre, se prit à courir en arrière de toutes ses forces.

La sorcière sortit du cercueil, puis elle se mit à la poursuite du soldat en suivant ses traces ; elle s'élança sur le dos du cheval, regarda tout autour de lui, vit que le soldat n'y était pas et s'élança à sa poursuite.

Elle courut et courut, revint sur ses pas, et de nouveau tourna autour du cheval. A vrai dire, à court d'expédient, elle fit la même chose plus de dix fois, sans pouvoir l'atteindre.

Tout à coup, le coq chanta. Alors la sorcière tomba roide sur le chemin.

Le soldat la ramassa, la mit dans le cercueil, referma le couvercle et la porta au cimetière. Aussitôt arrivé, il descendit le cercueil dans la fosse, rejeta la terre sur lui, et revint à la maison du marchand.

— J'ai fait tout ce que tu m'as demandé ; tiens ton cheval.

Quand le marchand vit le soldat, il le regarda les yeux tout grands ouverts :

— Bien, soldat. Certes, je sais beaucoup de choses ; mais quant à ma fille, n'en parlons plus ; elle était très-savante, elle l'était; mais, assurément, tu en sais encore plus long que nous!

— Maintenant, maître marchand, paie-moi de ma peine.

Alors, le marchand lui donna encore deux cents roubles.

Le soldat les prit, le remercia, puis s'en retourna chez lui, et donna une belle fête à sa famille.

LE SORCIER

Il y avait une fois un moujik qui avait huit fils, tous mariés. Il vécut de longues années et passait dans le village pour un magicien.

Quand il se sentit près de mourir, il ordonna aux femmes de ses fils de veiller sur son corps, après sa mort, trois nuits de suite, chacune à son tour.

Le corps devait être déposé dans le vestibule, et il enjoignit aux femmes de ses fils de filer de la laine pour lui faire un caftan. En outre, il recommanda de ne pas mettre sur lui de crucifix et que ses brus n'en portassent pas sur elles.

La femme de l'aîné des fils veilla auprès du cadavre de son beau-frère cette nuit même; elle avait auprès d'elle de la laine grise et se mit à filer. Minuit sonna.

Le beau-père cria du fond de son cercueil :

— Ma belle-fille, es-tu là ?
— J'y suis.
— Es-tu assise ?
— Je le suis.
— Files-tu ?

— Je file.

— De la laine grise ?

— Grise.

— Pour un caftan ?

— Pour un caftan.

Le moujik se dressa et fit un pas vers sa fille ; puis une seconde fois il lui adressa la parole :

— Belle-fille, es-tu là ?

— J'y suis.

— Es-tu assise ?

— Je le suis.

— Files-tu ?

— Je file.

— De la grise ?

— Grise.

— Pour un caftan ?

— Pour un caftan.

Elle se recula dans le coin. Le sorcier fit un nouveau mouvement et s'avança de deux pas vers sa fille.

Une troisième fois il s'approcha plus près encore. Elle n'adressa à Dieu aucune prière. Alors son beau-père l'étrangla, puis il se recoucha dans son cercueil.

Les fils du moujik enlevèrent le corps de leur belle-sœur, et le second soir, pour obéir à l'ordre de leur père, ils envoyèrent veiller la seconde des belles-filles.

Celle-ci subit le même sort, et le moujik l'étrangla comme il avait fait de la première.

Mais la troisième fut plus avisée que les deux autres. Elle déclara qu'elle avait enlevé sa croix ; mais, en réalité, elle la garda sur elle. Elle alla s'asseoir et se mit à filer. Mais, pendant tout le temps, elle disait des prières en elle-même

Minuit sonna. Son beau-père lui cria au fond de son cercueil :

— Ma fille, es-tu là ?

J'y suis, répliqua-t-elle.

— Es-tu assise ?

— Je le suis.

— Files-tu ?

— Je file.

— De la laine grise ?

— Grise.

— Pour un caftan ?

— Pour un caftan.

Une seconde fois il lui répéta la même chose.

La troisième fois, comme il allait se précipiter sur elle, elle posa sa croix sur lui. Immédiatement il tomba et mourut. Elle regarda dans le cercueil et y trouva une grande somme d'argent. Le sorcier avait voulu emporter ce trésor avec lui; il voulait tout au moins qu'il ne tombât que dans les mains de celui qui l'aurait vaincu en habileté.

LE RENARD MÉDECIN

Il y avait une fois un vieillard et sa femme. Le vieillard planta une tête de chou dans le cellier, sous le plancher de sa chaumière. La vieille femme en planta un dans le trou à cendres.

Le chou de la vieille femme, dans le trou à cendres, se desséchа entièrement; mais celui du vieillard poussa et poussa, et monta jusqu'au plafond.

Le vieillard prit sa hachette et creusa un trou dans le plancher au-dessus du chou. Le chou continua à croître; il poussa et poussa encore jusqu'au plafond.

Le vieillard prit de nouveau sa hachette et fit un trou dans le plafond au-dessus du chou. Le chou poussa et poussa, et monta jusqu'au ciel.

Comment le vieillard devait-il faire pour atteindre à la tête du chou ? Il commença à grimper le long de la tige. Il grimpa, il grimpa, il grimpa, et grimpa encore ! Enfin, il grimpa jusqu'au ciel, coupa un trou dans le ciel et s'y glissa.

Là il vit un moulin. Le moulin fit un tour; il en tomba un pâté et un gâteau avec une marmite de blé cuit.

Le vieillard mangea tout son content, but tout son soûl, puis s'étendit pour dormir. Quand il eut assez dormi, il se laissa glisser jusqu'à terre et cria :

— Ma vieille! ma vieille! comme on vit bien dans le ciel! Il y a là-haut un moulin, et chaque fois qu'il tourne, il en tombe un pâté et un gâteau avec un pot de kasha.

— Comment pourrais-je y aller, mon vieux?

— Mets-toi dans ce sac, ma vieille, et je t'y porterai.

La vieille femme réfléchit un peu et entra dans le sac. Le vieillard prit le sac avec ses dents et commença à grimper vers le ciel. Il grimpa et grimpa; longtemps il grimpa. La vieille femme se fatigua d'attendre et demanda :

— Y a-t-il encore bien loin, mon vieux?

— Nous avons encore la moitié du chemin à faire.

De nouveau, il grimpa et grimpa; il grimpa et grimpa encore. Une seconde fois, la vieille lui demanda :

— Est-ce encore bien loin, mon vieux?

Le vieillard commençait à lui répondre :

— Nous sommes tout près... quand le sac s'échappa de ses dents! La vieille tomba par terre et fut mise en pièces.

Le vieillard glissa le long de la tige du chou et ramassa le sac; mais il n'y trouva plus que des os, et ceux-ci brisés tout petits. Alors, il rentra chez lui et pleura amèrement.

Un renard se présenta à lui.

— Qu'as-tu à crier, vieillard?

— Comment pourrais-je ne pas crier? ma pauvre vieille femme est mise en pièces.

— Ne fais pas tant de bruit, je te la guérirai.

Le vieillard tomba aux pieds du renard.

— Guéris-la seulement, je te paierai tout ce que tu voudras.

— Eh bien, donc, chauffe la chambre de bain et portes-y ta vieille femme avec un sac de farine d'avoine et un pot de beurre, et quant à toi, reste en dehors de la porte, et ne regarde pas ce qui se passe dans la chambre.

Le vieillard chauffa la chambre de bains, porta ce qui lui était demandé, et resta en dehors de la porte. Alors le renard entra dans la pièce, ferma la porte derrière lui et commença à laver les restes de la vieille femme; il lava et lava, et pendant tout ce temps examina bien si on le regardait.

— Que devient ma pauvre vieille femme? demanda le vieillard.

— Elle commence à remuer, répondit le renard, qui mangea alors la vieille, rassembla ses os et les empila dans un coin.

Puis se mit à pétrir rapidement un pudding.

Le vieillard attendit, attendit. Alors, il demanda :

— Comment va ma vieille?

— Elle repose un peu, cria le renard, en gobant le pudding à la hâte. Quand il eut fini, il cria :

— Vieillard, ouvre-moi la porte toute grande.

Le pauvre homme ouvrit la porte, et le renard s'élança de la chambre et s'enfuit de la maison.

Le vieillard entra et regarda autour de lui. Il ne vit rien que les os de sa femme, sous le banc, et encore complétement rongés. Quant à la farine d'avoine et au beurre, tout avait été dévoré.

C'est ainsi que le vieillard vécut désormais seul et dans la misère.

LE MÉNÉTRIER EN ENFER

Il y avait un moujik qui avait trois fils. Son existence fut prospère. Il amassa assez d'argent pour en remplir deux marmites. Il enterra la première dans l'endroit où l'on bat le blé, l'autre sous la porte de sa ferme. Enfin, le moujik mourut sans avoir confié son secret à personne.

Un jour, il y avait fête au village. Un joueur de violon se rendait à la réjouissance, quand, tout à coup, la terre manqua sous ses pieds, et il tomba tout droit, et il fut précipité en enfer, juste à l'endroit où le riche moujik était tourmenté.

— Salut, ami ! dit le ménétrier.

— C'est un mauvais vent qui t'amène, répondit le moujik ; c'est ici l'enfer, et dans l'enfer je demeure.

— Qu'est-ce qui t'a amené ici, mon oncle ?

— Ç'a été l'argent. J'avais beaucoup d'argent. Je n'en ai jamais donné aux pauvres, et j'en ai enterré sous terre deux marmites toutes pleines. Regarde, maintenant; les démons vont venir me tourmenter, me frapper avec des bâtons, me déchirer avec des clous.

— Que dois-je faire? cria le ménétrier. Peut-être vont-ils me torturer aussi.

— Si tu vas t'asseoir sur le poêle, derrière le tuyau de la cheminée, et que tu ne manges pas pendant trois ans, alors tu seras sauvé.

Le ménétrier se cacha derrière le tuyau du poêle. Alors arrivèrent les démons, qui se mirent à battre le riche moujik et à l'insulter pendant tout ce temps en lui disant:

— Voilà pour toi, riche! Des pots d'argent tu as enterrés, mais tu n'aurais pas dû nous les cacher. Tu les as enterrés dans ta grange et sous la porte de ta ferme, afin que nous ne puissions pas les surveiller. A la porte, le monde passe sans cesse, les chevaux écrasent nos têtes avec leurs sabots; et dans la grange au blé, nous sommes battus par les fléaux.

Aussitôt que les démons furent partis, le moujik dit au ménétrier:

— Si tu sors d'ici, dis à mes enfants de déterrer l'argent. L'un des pots est enfoui sous la porte, l'autre dans l'endroit où l'on bat le blé. Dis-leur de le distribuer aux pauvres.

Ensuite arriva toute une chambrée de démons, et ils demandèrent au riche moujik:

— Qu'as-tu donc apporté ici qui sente comme cela la Russie?

— Vous avez été en Russie et vous avez rapporté une odeur russe avec vous, répliqua le moujik.

— Comment cela se peut-il ? dirent-ils. Alors ils regardèrent partout, trouvèrent le ménétrier, et s'écrièrent :

— Ah! ah! ah! voilà un ménétrier!

Ils le jetèrent en bas du poêle et lui ordonnèrent de jouer.

Le ménétrier joua trois ans de suite, en croyant n'avoir joué que trois jours. Alors, il devint las et dit :

— C'est merveilleux! quand j'ai joué toute une soirée, je trouve toujours mes cordes cassées. Mais maintenant, quoique j'aie joué trois jours, elles sont toutes en bon état. Que le Seigneur nous accorde sa bénédiction!

Il n'eut pas plutôt prononcé ces paroles que toutes ses cordes se cassèrent.

— Eh! frères, dit le ménétrier, regardez donc. Les cordes de mon violon sont cassées, je ne peux plus rien vous jouer.

— Attends un peu, dit un des démons; j'ai acheté deux poignées de cordes à boyaux, je vais te les chercher.

Il s'élança et les rapporta. Le violoneux prit les cordes, les assujettit et prononça de nouveau les mots :

— Que le Seigneur nous accorde sa bénédiction!

Aussitôt les cordes se rompirent.

— Frères, dit le violoneux, vos cordes ne me conviennent pas; j'en ai quelques-unes à moi, à la maison; avec votre permission, j'irai les chercher.

Les démons ne voulaient pas le laisser partir. — Tu ne reviendrais plus, lui dirent-ils.

— Eh bien, si vous n'avez pas confiance en moi, envoyez quelqu'un avec moi, pour m'accompagner.

Les démons choisirent un des leurs et l'envoyèrent avec le violoneux. Celui-ci revint au village. Là il apprit que, dans une chaumière éloignée, on allait célébrer une noce.

— Allons à la noce, dit-il à son compagnon.

Tous deux entrèrent dans la chaumière. Chacun reconnut le violoneux et s'écria :

— Où t'es-tu caché pendant ces trois ans?

— J'ai été dans l'autre monde.

Alors ils s'assirent et s'amusèrent pendant quelque temps. Puis le démon fit signe au ménétrier, en lui disant : « Il est temps de partir. » Mais celui-ci répliqua : « Attends encore un peu ! Laisse-moi jouer un morceau et réjouir les jeunes gens. » Ils restèrent donc assis jusqu'à ce que le coq chanta. Alors le démon disparut.

Après cela, le ménétrier prit à part les fils du riche moujik et leur dit :

— Votre père vous ordonne de déterrer l'argent. Un pot tout plein est enfoui sous la porte, et l'autre sous l'aire au blé. Distribuez tout leur contenu aux pauvres.

Alors les fils déterrèrent les deux pots et commencèrent à distribuer l'argent aux pauvres. Mais, plus ils donnaient d'argent, plus il en venait. Alors, ils portèrent les pots à un chemin en croix. Tous ceux qui passaient en prenaient autant que leurs mains pouvaient en tenir et pourtant l'argent ne diminuait pas.

Alors ils présentèrent une pétition à l'empereur, qui ordonna ce qui suit. Il y avait une certaine ville, et le chemin qui y conduisait faisait beaucoup de détours. Ce chemin avait cinquante verstes de longueur, tandis que, s'il avait été en ligne droite, il n'en aurait pas eu plus de cinq. Alors, l'empereur ordonna qu'on fît un pont sur la route. Les deux fils construisirent donc un pont de cinq verstes, et cet ouvrage épuisa l'argent des deux pots.

Vers ce temps, une fille mit au monde un fils et l'abandonna dans son enfance. L'enfant ne mangea ni ne but pendant trois ans, et un ange de Dieu veillait toujours autour de lui. Un jour cet enfant vint au pont et s'écria :

— Ah! quel magnifique pont! que Dieu accorde le royaume du ciel à celui qui a donné l'argent pour le bâtir!

Le Seigneur entendit cette prière et ordonna à ses anges de délivrer le riche moujik des profondeurs de l'enfer.

LA CHEVAUCHÉE

SUR LA PIERRE SÉPULCRALE

Un soir, sur le tard, un artisan retournait à sa demeure après une joyeuse fête dans un village lointain. Sur le chemin, il fit rencontre d'un vieil ami qui était mort depuis dix ans.

— Bonne santé! dit l'homme mort.

— Je te souhaite une bonne santé, répliqua le réveillonneur, oubliant que son ami avait depuis longtemps déjà dit adieu au monde.

— Allons chez moi. Nous viderons une fois encore une coupe ou deux ensemble.

— Volontiers. Une occasion aussi heureuse que celle de ta rencontre mérite d'être fêtée le verre en main.

Ils arrivèrent à une maison, et ils burent et se réjouirent.

— Maintenant, adieu; il est temps que je rentre, dit l'artisan.

— Attends un peu. Où veux-tu aller à cette heure? Passe la nuit ici, avec moi.

— Non, frère ! ne me fais pas une pareille demande ; je ne pourrais accepter. J'ai affaire demain matin ; il faut que je rentre à la maison aussitôt que possible.

— Eh bien, adieu ; mais pourquoi irais-tu à pied ? Prends plutôt mon cheval ; tu rentreras plus vite.

— Merci, j'accepte.

Il monta à cheval et fut emporté avec la vitesse d'un ouragan : tout à coup, le coq chanta. Spectacle affreux ! tout autour étaient des tombes, et le cavalier s'aperçut qu'il avait chevauché sur une pierre sépulcrale.

LES DEUX AMIS

Dans le vieux temps vivaient dans un village deux jeunes hommes.

Ils étaient grands amis, allaient toujours ensemble aux veillées, et se considéraient en réalité comme deux frères. Il était convenu entre eux que celui des deux qui se marierait le premier inviterait son camarade à la noce. Et l'invitation devait être faite, qu'il fût mort ou vivant.

Environ un an après, l'un des jeunes gens tomba malade et mourut. Quelques mois plus tard, son camarade se mit en tête de se marier ; alors il réunit ses parents et ils partirent chercher la fiancée.

Or, il arriva qu'ils passèrent près du cimetière, et le fiancé se ressouvint de son ami et de leur ancienne convention. Alors, il arrêta les chevaux en disant : Je vais au tombeau de mon camarade. Je vais lui demander de venir s'amuser à ma noce. C'était un bien fidèle ami.

Puis il s'approche du tombeau et cria tout haut :

— Cher camarade, je t'invite à ma noce.

Alors, la tombe s'ouvrit; le mort se leva et dit :

— Merci à toi, frère, parce que tu as accompli ta promesse. Et maintenant, afin que nous puissions profiter de cette heureuse chance, entre dans ma demeure, vidons ensemble un verre de joyeuse boisson.

— Je ne puis m'arrêter; le cortège de la noce est arrêté à quelques pas et tout le monde m'attend.

— Eh! frère, répliqua le mort, cela ne te prendra certes pas longtemps de trinquer avec moi!

Le fiancé descendit dans la tombe. Le mort lui versa une coupe de liqueur. Il la vida et cent ans se passèrent.

— Vidons une autre coupe, cher ami, dit le mort.

Il but une seconde coupe. Deux cents ans se passèrent.

— Allons! cher camarade, une troisième coupe encore, dit le mort, et ensuite, au nom de Dieu, va célébrer ton mariage.

Il vida la troisième coupe. Trois cents ans se passèrent.

Le mort prit congé de son camarade. La pierre sépulcrale s'abattit, le cercueil se ferma.

Le fiancé regarda autour de lui. A la place du cimetière s'étendait maintenant une vaste plaine. Il n'aperçut ni chemin, ni parents, ni chevaux. Tout autour croissaient des orties et de grandes herbes.

Il courut au village; mais le village n'était plus ce qu'il était accoutumé de le voir. Les maisons étaient différentes; les habitants tous étrangers pour lui. Il alla chez le pope; mais le pope n'était pas celui qu'il voyait d'ordinaire.

Le fiancé raconta au pope ce qui s'était passé.

Le prêtre chercha dans les registres de l'église et trouva que trois cents ans auparavant, l'événement que le fiancé racontait avait eu lieu ; qu'en effet, un fiancé était allé au cimetière le jour de sa noce et qu'il avait disparu. Et sa fiancée, après quelque temps, avait épousé un autre homme.

LE LINCEUL

Dans un village, il y avait une fille paresseuse et fainéante. Elle détestait le travail, mais elle aurait bavardé et jasé tout le jour sans s'arrêter. Un jour, elle se mit en tête d'inviter les autres filles à venir filer. Car dans les villages, comme chacun sait, ce sont les paresseuses qui réunissent chez elles les fileuses, et ce sont les friandes qui se rendent à l'invitation.

Le soir désigné, elle rassembla ses compagnes. Celles-ci filèrent pour son compte ; en retour, elle les hébergea et leur fit fête. Entre autres choses, elles discutèrent laquelle était la plus hardie.

La paresseuse dit :

— Je n'ai peur de rien.

— Eh bien donc, dirent les fileuses, si vous n'avez pas peur, traversez le cimetière jusqu'à l'église, descendez le tableau sacré qui est sur la porte et apportez-le ici.

— Bon, je l'apporterai ; seulement, chacune de vous me filera une quenouillée de plus.

C'était bien la seule chose dont elle fût capable ; c'est-à-dire, ne rien faire elle-même, mais faire exécuter aux autres son travail. Alors, elle partit, décrocha le tableau et le rapporta chez elle.

Ses amies reconnurent toutes que c'était bien la peinture de l'église. Mais il fallait reporter le tableau et c'était maintenant l'heure de minuit. Qui devait le prendre ? A la fin, la paresseuse dit :

— Vous, filles, continuez de filer. Je reporterai ce tableau moi-même ; je n'ai peur de rien.

Puis elle partit et remit le tableau à sa place. Comme elle traversait le cimetière, en revenant, elle vit un fantôme dans son blanc linceul, assis sur une tombe. Il faisait clair de lune ; les objets étaient distincts. Elle alla au fantôme et lui retira son linceul. Le fantôme resta immobile, sans prononcer une parole ; sans doute le temps de parler n'était pas encore venu pour lui. Elle emporta donc le linceul et rentra chez elle.

— Voilà ! dit-elle, j'ai reporté le tableau et l'ai remis à sa place ; et bien plus, voici un linceul que j'ai enlevé à un cadavre.

Quelques-unes des filles furent saisies d'horreur ; d'autres ne crurent pas ce qu'elle racontait et se moquèrent d'elle.

Mais quand, après leur souper, elles furent allées se coucher, elles étaient à peine au lit que le cadavre frappa à la fenêtre et dit :

— Donnez-moi mon linceul! donnez-moi mon linceul!

Les filles étaient tellement épouvantées qu'elles ne savaient si elles étaient mortes ou vivantes. Alors, la paresseuse prit le linceul, alla à la croisée, l'ouvrit et dit :

— Tenez, le voilà.

— Non, répliqua le fantôme, remettez-le où vous l'avez pris.

A ce moment, les coqs se mirent à chanter. Le fantôme s'évanouit.

La seconde nuit, quand les fileuses furent rentrées chez elles, à la même heure que la veille, le fantôme vint, cogna à la fenêtre et cria :

— Rendez-moi mon linceul!

Alors, le père et la mère de la fille ouvrirent la croisée et lui offrirent son linceul.

— Non, dit-il, il faut que votre fille le remette où elle l'a pris.

— Comment voulez-vous que j'aille au cimetière avec un cadavre? Quelle horrible idée! répliqua la fille.

A ce moment, les coqs chantèrent. Le fantôme disparut.

Le lendemain, le père et la mère de la fille allèrent chez le prêtre, lui racontèrent toute l'histoire et le prièrent de venir les secourir dans leur peine.

— Ne pourriez-vous pas célébrer un service? dirent-ils.

Le prêtre réfléchit un peu, puis répliqua :

— Dites à votre fille de venir demain à l'église.

Le lendemain, la paresseuse se rendit à l'église, le service commença ; nombre de gens y assistaient. Mais, comme on allait chanter le psaume du Chérubin, soudain s'éleva, Dieu sait d'où, un ouragan si terrible que toute la congrégation tomba la face contre terre. Et l'ouragan saisit la jeune fille et la précipita par terre. La fille disparut. Il ne resta d'elle que sa natte de derrière !

LE COUVERCLE DU CERCUEIL.

Un moujik conduisait un jour un chariot chargé de poteries. Son cheval se sentant fatigué, il fit halte le long d'un cimetière. Le moujik détela son cheval et le laissa libre de paître; pendant ce temps, il se coucha sur une des tombes. Mais il ne put pas dormir:

Il resta couché là quelque temps. Tout à coup, la tombe se mit à s'ouvrir sous lui. Le moujik sentit le mouvement et sauta sur ses pieds.

La tombe s'ouvrit, et il en sortit un fantôme enveloppé dans un blanc linceul et tenant un couvercle de cercueil. Il courut à l'église, déposa le couvercle du cercueil à la porte et se dirigea vers le village.

Le moujik était un hardi compagnon; il ramassa le couvercle du cercueil et resta près de son chariot, curieux de voir ce qui arriverait.

Après un court délai, le mort revint, et il se disposait à reprendre son couvercle; mais il ne le vit plus. Alors, le cadavre se mit à le chercher, en suivit les traces jusqu'au moujik et dit :

— Donnez-moi mon couvercle. Si vous ne le faites, je vous mettrai en pièces.

— Regarde donc ma hachette, répondit le moujik; crois-tu qu'elle soit pour rien dans ma main? C'est moi qui te mettrai en petits morceaux.

— Rendez-le-moi, bonhomme, répliqua le cadavre.

— Je te le donnerai quand tu me diras où tu as été et ce que tu as fait.

— Eh bien, j'ai été dans le village, et là, j'ai tué deux jouvenceaux.

— Eh bien, alors, dis-moi maintenant comment on peut les rendre à la vie.

Le cadavre répondit aussitôt :

— Coupez le pan gauche de mon linceul et emportez-le. Quand vous serez dans la maison où les jeunes gens ont été tués, mettez quelques charbons brûlants dans un pot et placez sur les charbons le bout de linceul, puis fermez la porte. La fumée rendra aussitôt les gars à la vie.

Le moujik coupa le pan gauche du linceul et rendit au cadavre le couvercle de son cercueil. Le fantôme se dirigea vers sa tombe. La tombe s'entr'ouvrit. Et comme le mort y descendait, tout à coup les coqs se mirent à chanter, et il n'eut pas le temps de fermer entièrement son tombeau. Un bout du couvercle traînait encore par terre.

Le moujik vit tout cela et en fit la remarque. Le jour commençait à naître, il attela son cheval et dirigea son chariot dans le village. Dans l'une des maisons il entendit des cris et des lamentations.

Il y entra.

Là gisaient les deux jouvenceaux morts.

— Cessez vos cris, dit-il, je les rendrai à la vie.

— Ramenez-les à la vie, parent, dirent les amis; nous vous donnerons la moitié de notre fortune.

Le moujik fit tout ce que le fantôme lui avait appris et les gars revinrent à la vie. Leurs parents furent enchantés; mais ils s'emparèrent immédiatement du moujik, l'attachèrent avec des cordes en disant :

— Non, non, imposteur; nous te livrerons aux autorités! Puisque tu as su les rendre à la vie, peut-être est-ce toi qui les as tués.

— Que pensez-vous là, vrais croyants? Ayez la crainte de Dieu devant les yeux, cria le moujik.

Alors il leur raconta ce qui était arrivé pendant la nuit. Ceux-ci en répandirent la nouvelle dans le village.

Toute la population s'assembla et se rendit en foule dans le cimetière.

Ils découvrirent la tombe dont le mort était sorti; ils l'ouvrirent et ils plantèrent un pieu de tremble droit dans le cœur du cadavre, de manière qu'il ne pût plus se lever et assassiner les gens. Mais ils récompensèrent richement le moujik et le renvoyèrent chez lui avec de grands honneurs.

LES DEUX CADAVRES

Un soldat avait obtenu un congé pour aller dans son pays prier les saintes images et saluer ses parents. Et comme il suivait son chemin, quelque temps après le coucher du soleil, et alors que l'obscurité couvrait déjà la terre, il vint à passer près d'un cimetière. A ce moment, il entendit quelqu'un qui courait après lui et qui lui criait :

— Arrête ! tu ne m'échapperas pas.

Il tourna la tête et aperçut un cadavre qui le poursuivait en grinçant les dents. Le soldat, pour lui échapper, fit un brusque détour, aperçut une petite chapelle et s'y réfugia.

Il n'y avait pas une âme dans cette chapelle; mais sur une table gisait un autre cadavre entouré de cierges allumés.

Le soldat se blottit dans un coin et y resta à demi mort de frayeur, pour attendre les événements. Alors le premier cadavre, celui qui avait poursuivi le soldat, s'élança dans la chapelle.

Aussitôt celui qui était sur la table se dressa et cria au premier :

— Que viens-tu faire ici?

— J'ai poursuivi un soldat jusqu'ici et je viens le dévorer.

— Ce soldat, frère, s'est réfugié chez moi. Il m'appartient. C'est moi qui le mangerai!

— Non, ce sera moi!

— Non, ce sera moi!

Et les deux cadavres se livrèrent un combat; leurs pieds faisaient voler la poussière. Ils auraient continué à se battre bien longtemps, quand tout à coup les coqs se mirent à chanter.

Aussitôt, les deux cadavres tombèrent sans vie sur le sol, et le soldat continua tranquillement son chemin en disant :

— Gloire à toi, Seigneur, qui m'as sauvé des sorciers!

LE CHIEN ET LE CADAVRE

Un moujik partit un jour à la chasse et prit avec lui son chien favori. Il marcha et marcha, à travers les bois et les marais, sans pouvoir attraper le moindre gibier. A la fin, l'obscurité le surprit. L'heure était avancée quand, passant près d'un cimetière, à un endroit où deux chemins se rencontraient, il se trouva en présence d'un cadavre vêtu de son blanc linceul.

Le moujik fut saisi d'horreur et ne savait quel chemin suivre, s'il devait continuer sa route ou retourner en arrière.

— Eh bien, quoi qu'il puisse arriver, j'irai en avant; et ce disant, il poursuivit sa route, son chien courant sur ses talons.

Quand le cadavre aperçut le moujik, il alla à sa rencontre; ses pieds ne touchaient pas la terre, il l'effleurait seulement d'un pied, en laissant flotter son linceul derrière lui. Quand le cadavre fut près du chasseur, il fit un bond vers lui; mais le chien le saisit par ses mollets nus et tira de toutes ses forces. Quand le moujik vit son chien aux prises avec le cadavre, il se réjouit que les choses eussent aussi bien tourné pour lui et regagna en courant sa demeure. Le chien continua la lutte jusqu'au chant du coq, jusqu'à ce que le cadavre tomba sans mouvement sur le sol.

Alors le chien se mit à la poursuite de son maître, l'atteignit au moment où il allait entrer dans la maison, et, plein de fureur, s'élança sur lui, essayant de le mordre et de le déchirer. Le chien lui marquait tant de férocité et d'acharnement, que les gens de la maison ne purent lui faire lâcher prise qu'à force de coups.

— Qu'a donc ton chien? demanda la vieille mère du moujik. Pourquoi déteste-t-il tant son maître à présent?

Le moujik raconta à sa mère ce qui était arrivé.

— Tu as fait une mauvaise action, mon fils, dit la vieille femme; ton chien t'en veut de ne pas l'avoir secouru. Comment! il te défend contre le cadavre, et tu l'abandonnes en ne songeant qu'à te sauver! Maintenant, il te gardera rancune longtemps.

Le lendemain matin, tant que la famille seule du moujik traversa la basse-cour, le chien resta parfaitement tranquille; mais aussitôt que son maître parut, il commença à grogner.

On l'enchaîna, et pendant toute une année on le tint attaché. Mais en dépit de tout, le chien n'oublia jamais combien son maître l'avait offensé. Un jour, il rompit sa chaîne, s'élança contre lui et commençait à l'étrangler. Alors on fut obligé de tuer le chien.

LE SOLDAT ET LE VAMPIRE

Un soldat reçut la permission d'aller en congé. Il marcha et marcha, et arriva enfin près de son village natal.

Non loin de ce village vivait un meunier dans son moulin. Le soldat avait été autrefois très-intime avec lui. Pourquoi n'irait-il pas voir son ami ? Il y alla, le meunier le reçut cordialement et apporta de la liqueur. Tous deux se mirent à boire et à causer de tout ce qui les intéressait. Ceci se passait vers la tombée de la nuit, et le soldat s'était arrêté si longtemps chez le meunier que l'obscurité était devenue complète.

Quand il se disposa à partir pour son village, son hôte s'écria :

— Passe la nuit ici, troupier, il est très-tard, maintenant, et peut-être il t'arriverait malheur.

— Comment cela ?

— Dieu nous punit en ce moment. Un horrible sorcier est mort parmi nous; la nuit il se lève de sa tombe, erre à travers le village et fait de telles choses qu'il inspire la terreur au plus hardi. Comment pourrais-tu n'avoir pas peur de lui ?

— Je n'en ai pas peur du tout. Un soldat est un homme qui appartient à la couronne, et les propriétés impériales ne peuvent ni être submergées par l'eau ni brûlées par le feu. Je partirai, je suis très-désireux de voir mes compatriotes aussitôt que possible.

Il partit. Son chemin longeait un cimetière. Sur l'une des tombes il vit briller un grand feu. Qu'est cela ? pensa-t-il, regardons un peu. Quand il fut près, il vit le sorcier assis à côté du feu et cousant des bottes.

— Salut, frère ! cria le soldat.

Le sorcier leva les yeux et dit :

— Qu'est-ce que tu viens faire ici ?

— Eh bien, je veux voir ce que tu fais.

Le sorcier mit son ouvrage de côté et invita le soldat à aller à la noce, en lui disant :

— Viens avec moi, frère ! et amusons-nous. Il y a une noce dans le village.

— Partons, dit le soldat.

Tous deux se rendirent à la noce. Là on leur donna à boire et on les traita avec la plus grande hospitalité. Le sorcier but et but, s'amusa et s'amusa, puis devint furieux. Il chassa tous les hôtes et tous les parents de la maison, plongea les deux époux dans le sommeil, saisit deux fioles et une alêne, perça les mains du fiancé et de la fiancée avec l'alêne et commença à tirer leur sang. Après cela il dit au soldat :

— Maintenant éloignons-nous.

Alors ils partirent. Sur la route, le soldat dit au sorcier :

— Dis-moi, pourquoi as-tu tiré le sang des jeunes époux dans ces fioles ?

— C'est afin de les faire mourir. Demain matin, ni le fiancé ni la mariée ne s'éveilleront plus ; seul je sais comment faire pour les rendre à la vie.

— De quelle manière ?

— Il faut couper les talons du fiancé et de la fiancée et reverser un peu de leur propre sang dans ces blessures. J'ai mis le sang du fiancé dans la poche droite et celui de la mariée dans la gauche.

Le soldat écouta tout sans en perdre un mot. Puis le sorcier continua à se vanter.

— Tout ce que je souhaite, dit-il, je puis le faire.

— Je suppose, dit le soldat, qu'il est impossible d'être plus malin que toi ?

— Pourquoi impossible ? Celui qui, après avoir entassé cent brassées de branches de tremble, en aura fait un bûcher sur lequel il me brûlera, celui-là pourra faire mieux que moi. Seulement, il devra bien faire attention pendant que je brûlerai ; car des serpents, des vers et différentes espèces de reptiles sortiront de mon corps ; et des corneilles, des pies et des chouettes voleront tout autour de moi. Il faut qu'il les prenne tous et qu'il les jette dans le feu. Si un seul de ces monstres s'échappait, alors plus d'espoir. Dans ce monstre je me glisserais.

Le soldat écouta ces paroles et les grava dans sa

mémoire. Il continua à causer avec le sorcier; à la fin, tous deux arrivèrent au tombeau.

— Maintenant, frère, dit le sorcier, je vais te mettre en pièces; autrement tu raconterais tout ce que tu as entendu.

— Qu'est-ce que tu dis là ? Ne te trompe pas toi-même ; je sers Dieu et l'empereur.

Le sorcier grinça des dents, poussa des hurlements féroces et s'élança contre le soldat. Celui-ci tira son sabre et commença à rouer de coups son adversaire, en faisant le moulinet. Ils luttèrent et luttèrent, le soldat était à bout de forces.

— Ah! pensa-t-il, je suis un homme perdu, et tout cela pour rien. Soudain, les coqs chantèrent. Le sorcier tomba sans vie sur le sol.

Le soldat retira les fioles de sang des poches du sorcier et rentra chez lui. Quand il y fut arrivé et qu'il eut échangé des félicitations avec ses parents, ceux-ci lui dirent :

— As-tu vu, soldat, quelque chose d'étrange ?

— Non, je n'ai rien vu.

— Cependant il se passe des choses terribles dans le village. Un sorcier s'est mis à le hanter.

Après avoir causé un peu, ils allèrent se coucher.

Le lendemain, le soldat s'éveilla et demanda :

— On m'a dit qu'il y avait eu une noce ici, quelque part.

— Il y a eu une noce dans la maison d'un riche moujik, répliquèrent ses parents. Mais le marié et la mariée sont morts la nuit même. De quoi, personne ne le sait.

— Où demeure ce moujik ?

Ils lui indiquèrent la maison. Le soldat s'y rendit sans dire un mot. Quand il y fut, il trouva toute la famille en larmes.

— Qu'avez-vous à vous désoler ? dit-il.

— Soldat, voilà ce qui s'est passé, répondirent les pauvres gens.

— Je peux rendre à la vie vos jeunes gens. Que me donnerez-vous, si je le fais?

— Prenez tout ce qui vous plaira, quand même vous voudriez la moitié de ce que nous possédons.

Le soldat fit ce que le sorcier lui avait enseigné et ramena les jeunes gens à la vie. Aux larmes succédèrent la joie et le bonheur. Le soldat fut traité avec hospitalité et bien récompensé. Alors, tout changea de face. Il se rendit chez le gouverneur et lui demanda de réunir des paysans et de leur ordonner d'apprêter cent brassées de bois de tremble. Puis on porta le bois dans le cimetière, on tira le sorcier de son tombeau et on le plaça sur le bûcher, auquel on mit le feu. Tout le monde faisait cercle autour du bûcher, armé de bâtons, de pioches et de tisonniers de fer. Les flammes enveloppèrent le bûcher, le sorcier commença à brûler. Son corps éclata, et il en sortit des serpents, des vers et toutes sortes de reptiles, et l'on vit s'envoler des corneilles, des pies, des chouettes. Les paysans les frappèrent et les précipitèrent dans la flamme, sans permettre à un seul de ces monstres de se sauver. Aussi le sorcier fut entièrement consumé, et le soldat en rassembla les cendres et les jeta au vent.

Depuis ce temps, la paix règne dans le village.

Le soldat reçut les compliments de toute la commune.

Il resta chez lui pendant quelque temps en s'y amusant beaucoup. Puis il retourna au service du tzar avec de l'argent dans sa poche.

Quand il eut fait son temps, il se retira de l'armée et vécut dans l'aisance.

LE PROPHÈTE ÉLISÉE ET NICOLAS

Il y a longtemps vivait un moujik. Il fêtait toujours la Saint-Nicolas, mais jamais la fête d'Élisée ; et même il se livrait à l'ouvrage ce jour-là. — En l'honneur de saint Nicolas, il faisait brûler un cierge et célébrer une messe ; mais quant au prophète Élisée, il n'y pensait même pas.

Il arriva un jour qu'Élisée et Nicolas se promenaient dans un champ appartenant à ce moujik, et en marchant les saints regardaient autour d'eux. Dans les champs de blé, les épis verts croissaient si magnifiquement que le cœur de chacun se réjouissait rien qu'à les voir.

— Voici une belle moisson, une très-belle moisson, dit Nicolas ; il faut dire aussi que le moujik est certes un brave homme, à la fois honnête et pieux. C'est un homme qui se souvient de Dieu et qui pense en même temps aux saints. Ce blé tombera dans de bonnes mains.

— Nous verrons bien, répondit Élisée, s'il en aura beaucoup pour sa part. Quand j'aurai brûlé toute sa terre avec la foudre, quand j'aurai battu toute sa paille avec la grêle, alors votre moujik saura bien ce qui est juste et apprendra à observer le saint jour d'Élisée.

Bien. — Ils disputèrent et disputèrent, puis ils se séparèrent. Saint Nicolas alla droit au moujik et lui dit :

— Vends tout ton blé sur pied au prêtre de la chapelle d'Élisée; si tu ne le fais pas, tu n'en tireras rien; tout sera détruit par la grêle.

Le moujik courut immédiatement chez le prêtre.

— Votre Révérence veut-elle acheter du blé sur pied? Je désire vendre toute ma récolte; j'ai en ce moment un pressant besoin d'argent; c'est une occasion magnifique. Achetez-le-moi, père, je le vendrai bon marché.

Ils marchandèrent, marchandèrent, et tombèrent enfin d'accord. Le moujik ramassa son argent et rentra chez lui.

Quelque temps se passa. Alors, une nuée orageuse se forma dans le ciel, puis arriva en roulant. Une pluie terrible, mêlée de grêle, dévasta les champs de blé du moujik, coupant toute la récolte comme avec un couteau. — Pas un épi ne resta debout.

Le lendemain, le prophète Élisée et Nicolas passèrent par là en se promenant. Élisée dit :

— Voyez donc comme j'ai ravagé le champ du moujik!

— Du moujik? Non, frère! Vous avez ravagé consciencieusement ce champ, je le reconnais; seulement, ce champ appartient au prêtre de votre chapelle et non au moujik.

— Au prêtre ? comment cela ?

— Voici comme : le moujik l'a vendu la semaine dernière au prêtre de votre chapelle et il en a touché le prix. Et de la sorte, je pense que le prêtre peut siffler après son argent.

— Attends un peu, dit Élisée ; je remettrai le champ en bon état ; il sera deux fois aussi beau qu'auparavant.

Ainsi se termina leur conversation, et chacun rentra chez soi. Saint Nicolas revint vers le moujik et lui dit :

— Va trouver le prêtre et rachète-lui ta récolte, tu n'y perdras rien.

Le moujik se rendit chez le prêtre, lui fit un salut et lui dit :

— Je vois, votre Révérence, que Dieu vous a envoyé un malheur. La grêle a tellement couché votre blé que vous pourriez faire rouler une boule dessus. Puisqu'il en est ainsi, partageons la perte. Je reprendrai mon champ, et voici la moitié de votre argent pour soulager votre détresse.

Le prêtre fut enchanté ; ils se tapèrent immédiatement dans la main, et le marché fut conclu.

Pendant ce temps, Dieu sait comment ! la terre du moujik commença à devenir plus belle qu'avant. Des vieilles racines sortirent de nouvelles pousses. Des nuages de pluie se répandirent sur le champ de blé et donnèrent à boire à la terre. Il s'éleva une merveilleuse récolte, haute et épaisse. Quant aux mauvaises herbes, on n'en voyait pas une. Les épis devinrent plus pleins que jamais ; ils étaient tellement chargés en grain que leurs têtes s'inclinaient vers la terre.

Puis le cher soleil brilla et les seigles mûrirent dans le champ comme autant d'épis d'or. Le moujik récolta maintes gerbes, lia maintes javelles ; puis il s'apprêta à emporter la récolte et à la dresser en meules.

A ce même moment, Élisée et Nicolas vinrent se promener par là.

— Voyez donc, Nicolas, quelle bénédiction ! J'ai récompensé le prêtre de telle façon qu'il ne l'oubliera de toute sa vie.

— Le prêtre ? Non, frère ! la bénédiction vraiment est grande. Mais cette terre, vous le savez, appartient au moujik ; le prêtre n'a rien à faire avec elle.

— Qu'est-ce que vous me racontez là ?

— C'est parfaitement vrai. Lorsque la grêle a eu complétement couché le champ de blé, le moujik a été trouver votre prêtre et lui a racheté sa récolte à moitié prix.

— Attends un peu, dit Élisée, je lui enlèverai le profit de son blé. Quelque nombreuses que soient les gerbes que le moujik pourra coucher sur l'aire, il ne pourra jamais en battre plus d'un boisseau à la fois.

Mauvais ouvrage, pensa Nicolas. Et il alla trouver le moujik.

— Souviens-toi, dit-il, quand tu commenceras à battre ton blé, à ne jamais mettre sous le fléau plus d'une gerbe en même temps.

Le moujik commença à battre. De chaque gerbe il

retira un boisseau de grain. Tous ses coffres, tous ses greniers, il les bourra de seigle ; mais il en restait encore beaucoup. Alors il bâtit de nouvelles granges et les remplit autant qu'elles pouvaient en contenir.

Bien. — Un jour, Élisée et Nicolas se promenaient par là et le prophète commença à regarder de tous côtés et dit:

— Voyez donc quelles granges a bâties ce moujik! Pense-t-il donc avoir quelque chose à y mettre?

— Elles sont déjà toutes pleines! répondit Nicolas.

— Comment! où le moujik a-t-il eu tant de grain?

— Bénissez-moi! Chacune de ses gerbes lui a donné un boisseau. Quand il a commencé à battre, il n'a jamais mis par terre plus d'une gerbe à la fois.

— Ah! frère Nicolas, répondit Élisée, devinant la vérité, c'est vous qui avez tout raconté au moujik?

— Quelle idée! que j'aie été lui raconter...!

— Comme vous voudrez ; c'est votre affaire. Mais ce moujik ne m'oubliera pas, car je le confondrai.

— Quoi! que voulez-vous lui faire?

— Ce que ferai, je ne vous le dirai pas, répondit Élisée.

Un grand danger menace mon protégé, pensa saint Nicolas ; et il alla trouver le moujik et lui dit :

— Achète deux cierges, un gros et un petit, puis fais ce que je vais te dire.

Le lendemain, le prophète Élisée et Nicolas se promenaient ensemble, déguisés en voyageurs ; ils rencontrèrent le moujik qui portait deux cierges de cire ;

l'un valant un rouble, et l'autre un simple copeck.

— Où vas-tu? moujik, demanda saint Nicolas.

— Je vais offrir un cierge d'un rouble au prophète Élisée, qui a toujours été si bon pour moi. Quand mes récoltes ont été détruites par la grêle, il s'est donné beaucoup de peine, et m'a envoyé une magnifique moisson, deux fois plus belle que n'aurait été la première.

— Et le cierge d'un copeck, à qui le destines-tu?

— C'est pour Nicolas, dit le paysan ; et il passa.

— Eh bien, Élisée, dit Nicolas, vous m'avez accusé d'avoir tout raconté au moujik, vous pouvez constater vous-même combien était grande votre erreur.

Ici le débat s'arrêta. Élisée s'apaisa et cessa d'en vouloir au moujik. Et le moujik mena une vie heureuse, et depuis ce temps il tint en égal honneur le jour d'Élisée et le jour de saint Nicolas.

LE POPE AUX YEUX AVIDES

Dans la paroisse de Saint-Nicolas vivait un pope, et ses yeux étaient bien des yeux de pope. Il servit saint Nicolas plusieurs années; mais lorsque son église cessa de lui rapporter suffisamment pour vivre, il résolut de l'abandonner. Alors notre pope rassembla toutes les clefs de l'église, alla se placer devant l'image de saint Nicolas, et de dépit la frappa sur les épaules. Puis il quitta sa paroisse et alla où ses yeux le conduisirent. Et comme il marchait le long du chemin, il tomba tout à coup sur un homme inconnu.

— Salut, bonhomme! dit l'étranger au pope. D'où viens-tu et où vas-tu? Prends-moi pour compagnon de voyage.

Ils cheminèrent ensemble. Après avoir marché plusieurs verstes, ils se sentirent fatigués. Il était temps de prendre du repos; alors le pope sortit quelques biscuits de dessous sa soutane, et son compagnon tira de ses poches deux petits pains.

— Mangeons les pains d'abord, dit le pope, et nous mangerons ensuite les biscuits.

— Soit, répliqua l'étranger; commençons par mes pains et gardons vos biscuits pour la fin. Ils avalèrent les pains. Chacun d'eux en mangea son content; mais les pains ne diminuaient pas. Le pope devint jaloux. Attendons, pensa-t-il, je saurai bien les voler. Après le repas, le vieillard s'étendit pour faire la sieste; mais le pope songea au moyen de lui dérober les pains.

Le vieillard s'endormit; le pope en profita pour retirer les pains de la poche de son compagnon, puis il se mit tranquillement à les manger. Le vieillard s'éveilla et chercha ses pains. Ils n'y étaient plus.

— Où sont mes pains? cria-t-il. Qui les a mangés? Est-ce toi, pope?

— Non, ce n'est pas moi, ma parole, répliqua le pope.

— Eh bien, soit, dit le vieillard.

Tous deux se donnèrent une poignée de main et reprirent leur voyage. Ils marchèrent et marchèrent; soudain, la route se sépara en deux directions différentes. Mais tous deux suivirent la même route, et de la sorte ils atteignirent une certaine contrée. Dans ce pays, la fille du roi était à l'article de la mort, et le roi avait fait publier qu'il donnerait la moitié de son royaume et la moitié de ses biens et de ses propriétés à celui qui guérirait sa fille. En revanche, celui qui, après s'être proposé, ne réussirait pas, aurait le cou coupé, et sa tête serait plantée sur un pieu.

Les voyageurs arrivèrent, fendirent la foule qui se trouvait devant le palais du roi et déclarèrent qu'ils étaient médecins. Un serviteur sortit du palais du roi et les questionna :

— Qui êtes-vous? de quelle ville venez-vous? à quelle famille appartenez-vous? que désirez-vous?

— Nous sommes médecins, répondirent-ils; nous pouvons guérir la princesse.

— Oh! si vous êtes médecins, entrez dans le palais.

Ils entrèrent dans le palais, virent la princesse et demandèrent au roi de leur donner un appartement particulier, un baquet d'eau, un sabre affilé et une large table.

Le roi leur fit donner tout ce qu'ils avaient demandé. Alors ils s'enfermèrent dans l'appartement, étendirent la princesse sur la grande table, la coupèrent en petits morceaux avec le sabre affilé, puis ils mirent ces débris dans le baquet d'eau, les baignèrent, les rincèrent et les rincèrent.

Ensuite, ils rassemblèrent les morceaux, et quand le vieillard eut soufflé sur eux, les morceaux se rejoignirent. Quand le vieillard eut raccommodé les morceaux convenablement, il souffla une seconde fois sur eux ; la princesse commença à frissonner, puis se dressa vivante et en bonne santé.

Le roi vint en personne à la porte de leur chambre et cria :

— Au nom du Père, du Fils et du Saint-Esprit.

— Amen! répondirent-ils.

— Avez-vous guéri la princesse? demanda le roi.

— Nous l'avons guérie, dirent les docteurs; la voici!

La princesse alla à la rencontre du roi, vivante et en bonne santé.

Le roi dit aux docteurs: — Quelle récompense désirez-vous? Voulez-vous de l'or ou de l'argent? Prenez tout ce qui vous plaira.

Alors ils prirent de l'or et de l'argent. Le vieillard ne se servit que du pouce et de deux doigts; mais le pope en prenait de pleines poignées et les jetait dans sa valise; puis, il la soulevait pour voir s'il était assez fort pour l'emporter, et recommençait à y entasser de l'or et de l'argent.

Enfin, les voyageurs prirent congé du roi, et continuèrent leur route. Le vieillard dit au pope : — Enterrons cet argent et allons faire une autre cure.

Ils marchèrent, et enfin atteignirent un autre pays. Dans ce pays aussi, le roi avait une fille à l'article de la mort, et le roi avait fait connaître que celui qui guérirait sa fille recevrait la moitié de son royaume, de ses biens et propriétés; mais s'il ne réussissait pas à la guérir, sa tête devait être tranchée et plantée sur un pieu.

Alors l'esprit du mal excita l'envie du pope en lui soufflant à l'oreille: — Pourquoi n'irais-tu pas tout seul opérer la cure, sans dire un mot au vieillard? Par ce moyen, tu prendras pour toi seul tout l'or et tout l'argent.

Le pope s'avança donc jusqu'aux portes du palais. Sur l'avis des gens qu'il rencontra, il pénétra près du roi et se donna comme médecin.

Comme la première fois, il pria le roi de lui donner une chambre à l'écart, un baquet plein d'eau, une grande table et un sabre bien affilé. Alors, s'enfermant dans la chambre, il étendit la princesse sur la table et commença à la découper avec le sabre affilé; sans s'occuper des plaintes et des gémissements qu'elle poussait, il continua à la découper et à la mettre en morceaux, comme s'il s'était agi d'un simple morceau de bœuf. Et quand il l'eut coupée en petits morceaux, il jeta ces morceaux dans le baquet, les lava, les rinça; puis il les réunit un à un, exactement comme avait fait le vieillard, jusqu'à ce que tous les morceaux furent placés les uns à côté des autres.

Ensuite il souffla dessus; mais rien ne bougea. Il souffla de nouveau; ce fut encore pis qu'auparavant. Alors le pope replongea les morceaux dans l'eau, les lava, les lava, les rinça, les rinça, puis les mit à côté les uns des autres, un par un. Derechef il souffla dessus, mais rien ne bougea.

— Malheur à moi! pensa le pope, en voilà un gâchis!

Le lendemain, le roi arriva et regarda. Le médecin n'avait pas eu de succès du tout; il n'avait fait du cadavre qu'un amas de fumier.

Le roi ordonna de mener le médecin à la potence. Alors notre pope le supplia en criant :

— O roi! libre à toi de faire ta volonté. Épargne-moi encore un peu ; je courrai après le vieillard, il guérira la princesse.

Le pope courut à la recherche du vieillard, le trouva et lui dit :

— Vieillard, je suis coupable. Malheureux que je suis ! le diable s'est emparé de moi. Je voulais guérir la fille du roi tout seul ; mais je n'ai pu y réussir. Maintenant on va me pendre, viens à mon secours.

Le vieillard revint avec le pope. Le pope fut emmené à la potence ; alors le vieillard dit au pope :

— Pope, qui est-ce qui a mangé mes pains ?

— Ce n'est pas moi, sur ma parole. Que le ciel me protége, ce n'est pas moi.

Le pope fut entraîné jusqu'à la seconde marche de la potence. Alors le vieillard lui dit encore :

— Pope, qui est-ce qui a mangé mes pains ?

— Ce n'est pas moi ! Que le ciel me vienne en aide ! ce n'est pas moi.

Il monta le troisième pas et il répéta encore :

— Ce n'est pas moi !

Alors sa tête fut passée dans le nœud coulant ; mais il répéta toujours :

— Ce n'est pas moi !

Il n'y avait plus rien à attendre de lui. Alors le vieillard dit au roi :

— Tu es libre de faire ta volonté. Permets-moi de guérir la princesse ; et si je ne la guéris pas, fais préparer un second nœud coulant. Un nœud pour moi et un nœud pour le pope.

Alors le vieillard rassembla les membres de la princesse, morceau par morceau, et souffla sur eux jusqu'à ce que la princesse fut vivante et en bonne santé.

Le roi les combla tous les deux d'or et d'argent.

— Partageons l'argent, pope, dit le vieillard.

Alors ils partirent et séparèrent l'argent en trois parts.

Le pope regarda et dit :

— Qu'est-ce que ceci ? Nous ne sommes que deux. Pour qui la troisième part ?

— C'est, dit le vieillard, pour celui qui a mangé mes pains.

— C'est moi qui les ai mangés, vieillard, cria le pope ; c'est bien moi, que le ciel m'entende !

— Eh bien, dit le vieillard, cet argent t'appartient. Prends aussi ma part, et maintenant retourne dans ta paroisse pour la servir fidèlement. Ne sois plus avide et ne t'avise plus de frapper saint Nicolas sur les épaules avec tes clefs.

Ainsi parla le vieillard et il disparut.

LA PAROLE IRRÉFLÉCHIE

Dans un village vivaient autrefois un vieillard, sa femme et leur fils unique ; le ménage était très-pauvre. Leur fils étant devenu grand, la vieille femme dit un jour à son mari :

Il est temps de songer à marier notre fils.

— Eh bien, donc, va lui chercher une femme, dit-il.

Alors elle alla chez un voisin et lui demanda la main de sa fille pour son fils ; le voisin refusa. Elle se présenta chez un second paysan, mais le second refusa aussi. Quant au troisième, il lui montra tout bonnement la porte. Elle fit le tour du village, personne n'écouta sa requête. Alors elle retourna à la maison et s'écria :

— Ah ! mon vieux, notre gars n'a pas de chance.

— Comment cela ?

— J'ai visité chaque maison, mais personne n'a voulu me donner sa fille.

— Mauvaise affaire ! dit le vieillard. L'été va bientôt venir et nous n'aurons personne pour nous aider à travailler. Va à un autre village, ma vieille. Peut-être en ramèneras-tu une fiancée.

La vieille femme alla à un autre village, visita chaque maison, de la première à la dernière; mais elle ne fut pas plus avancée que la première fois. Partout où elle s'introduisit, on la rebuta toujours. Comme elle avait quitté la maison, elle y revint.

— Ah! dit-elle, personne ne se soucie de s'allier à nous, pauvres mendiants.

— S'il en est ainsi, répliqua le vieillard, à quoi nous servirait de rester sur nos jambes? Grimpons sur le poêle et allons nous coucher.

Le fils fut profondément affligé et dit à ses parents :

— Père, qui m'as donné le jour, mère, qui m'as donné le jour, donnez-moi votre bénédiction; j'irai moi-même chercher ma destinée.

— Mais où iras-tu?

— Où mes yeux me conduiront.

Ils bénirent leur fils et le laissèrent aller où bon lui semblerait.

Alors, le jeune homme alla sur le grand chemin, versa des larmes amères et se dit à lui-même en marchant :

— Suis-je donc venu au monde plus mal bâti que tous les autres hommes, que pas une seule fille ne veut m'épouser? Quand le diable lui-même me donnerait une épouse, je la prendrais.

Aussitôt, comme s'il sortait de terre, apparut devant lui un homme très-vieux :

— Bonjour, jeune homme !
— Bonjour, vieillard !
— Qu'est-ce que tu disais donc là ?

Le jeune homme eut peur et ne savait que répondre.

— N'aie pas peur de moi, je ne veux te faire aucun mal ; bien plus, je te tirerai peut-être d'embarras. Parle hardiment.

Le jeune homme lui raconta ce qui s'était passé.

« — Pauvre créature que je suis ! il n'y a pas une seule fille qui veuille m'épouser. Alors, comme je suivais mon chemin, dans l'excès de mon malheur et de mon chagrin, je me suis écrié :

« Si le diable m'offrait une épouse, je la prendrais. »

Le vieillard se mit à rire et dit :

— Suis-moi, je te choisirai une charmante épouse.

Bientôt ils atteignirent un lac.

— Tourne le dos au lac, et marche en arrière, dit le vieillard.

A peine le jeune homme eut-il eu le temps de se retourner et de faire deux pas qu'il se trouva sous l'eau et dans un palais bâti de pierres blanches. Toutes les chambres étaient magnifiquement meublées et artistement décorées. Le vieillard donna à boire et à manger à son hôte. Ensuite il fit entrer douze jeunes personnes, toutes plus belles l'une que l'autre.

— Choisis qui tu voudras. Celle que tu prendras, je te la donne.

— Voilà une charmante aventure, dit le jeune homme. Donne-moi jusqu'à demain matin, grand-père.

— Soit ! prends le temps de la réflexion, dit le vieillard ; et il conduisit son hôte à sa chambre. Le jeune homme se mit au lit et pensa :

— Qui puis-je bien choisir?

Soudain la porte s'ouvrit : une belle jeune fille entra.

— Es-tu endormi ou éveillé, bon jeune homme? dit-elle.

— Ah ! belle jeune fille, je ne puis dormir, car je pense toujours à la fiancée que je dois choisir.

— C'est pour cela précisément que je viens te trouver et t'offrir un conseil. Tu sais, bon jeune homme, que tu es devenu l'hôte du diable. Maintenant, écoute : Si tu veux retourner vivre dans le monde blanc, fais ce que je te dis ; mais si tu ne suis pas mes instructions, tu ne sortiras pas d'ici vivant.

— Dis-moi ce que je dois faire, belle jeune fille, je ne l'oublierai de ma vie.

— Demain, le démon t'amènera les douze jeunes filles, toutes se ressemblent absolument ; mais regarde-moi bien et choisis-moi. Au-dessus de mon œil droit se posera une mouche, ce sera un guide certain pour toi.

Alors, la belle fille continua à lui raconter qui elle était et à lui faire l'histoire de sa vie.

— Connais-tu le pope de tel village? dit-elle. Je suis sa fille, celle qui a disparu de la maison à l'âge de neuf ans ! Un jour, mon père était en colère contre moi, et dans sa colère il s'écria :

« Que le diable t'emporte ! »

« Je sortis sur le perron et je me mis à crier. Tout à coup, les démons m'enlevèrent et m'emmenèrent ici, et depuis je demeure avec eux. »

Le lendemain matin, le vieillard amena les douze belles filles, toutes semblables les unes aux autres, et ordonna au jeune homme de choisir une épouse. Après les avoir bien considérées, il indiqua celle sur l'œil droit de laquelle était posée une mouche. Le vieillard parut contrarié de ce choix; alors il changea de place les jeunes filles et dit au jeune homme de faire un nouveau choix.

Le jeune homme désigna encore la même fille. Le diable l'obligea à choisir une troisième fois : il désigna encore la même fiancée.

— Eh bien, tu es en veine; emmène-la chez toi, dit le diable.

Aussitôt le jeune homme et la belle fille se trouvèrent sur le bord du lac; mais ils eurent bien soin de marcher à reculons jusqu'à ce qu'ils fussent parvenus au chemin sur la colline. Alors les diables coururent après eux et les poursuivirent avec ardeur.

— Rattrapons notre fille, crièrent-ils.

Ils cherchèrent sur le sol l'empreinte des pas des fugitifs; mais loin de s'éloigner du lac, toutes les traces y ramenaient. Ils coururent de côté et d'autre, cherchèrent partout; mais ils durent revenir sans avoir rien découvert.

Alors le bon jeune homme emmena sa fiancée à son village; il s'arrêta devant la maison du pope. Celui-ci, apercevant les voyageurs, envoya vers eux son desservant, en disant : — Va savoir qui sont ces gens.

— Nous sommes des voyageurs, répondirent-ils. Laissez-nous passer la nuit dans votre maison.

— J'ai des marchands en visite, dit le pope ; d'ailleurs, je n'ai qu'une toute petite chambre, et je ne puis vous loger.

— Que dites-vous là, père? fit un des marchands. C'est toujours un devoir que d'accueillir un voyageur : il faut leur donner l'hospitalité, ils ne nous gêneront pas du tout.

— Très-bien ! qu'ils entrent donc.

Alors ils entrèrent, échangèrent des compliments et allèrent s'asseoir sur un banc dans un coin.

— Ne me reconnaissez-vous pas, père ? demanda la belle fille ; ne reconnaissez-vous pas votre fille?

Alors elle raconta tout ce qui s'était passé. Aussitôt son père lui ouvrit les bras, et tous deux s'embrassèrent et répandirent des larmes de joie.

— Et qui est cet homme? dit le pope.

— C'est mon fiancé, répondit la fille. Il m'a ramenée dans le monde blanc. Sans lui, je serais restée toujours dans les entrailles de la terre.

Puis la belle fille défit son paquet et en tira des plats d'or et d'argent. Elle les avait dérobés au diable.

Le marchand regarda et dit :

— Eh! mais, ce sont mes plats! Un jour, je me réjouissais avec mes hôtes, et m'étant enivré, je me fâchai contre ma femme ; « Que le diable t'emporte! »

m'écriai-je, en commençant à jeter de la table et au-delà du seuil tout ce qui se trouvait sous ma main. A ce moment mes plats disparurent.

C'était bien, en effet, ce qui était arrivé. Aussitôt que le marchand eut prononcé le nom du diable, le démon apparut au seuil de la porte, s'empara des plats d'or et d'argent, et ne laissa à leur place que des pots de terre.

C'est ainsi que le jeune homme rencontra une épouse aussi distinguée. Et quand il l'eut épousée, il revint chez ses parents.

Depuis longtemps déjà on le regardait comme perdu pour toujours, et en réalité il n'y avait pas de quoi plaisanter. Il avait été absent pendant trois années entières, et cependant il lui semblait qu'il n'était pas resté plus de vingt-quatre heures avec les démons.

TABLE DES MATIÈRES

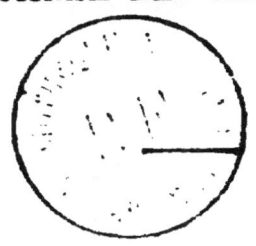

	Pages
A mon neveu Édouard D.-B.	v
Introduction	ix
Le Diable	1
L'Ombre de la mère	13
La Sorcière morte	15
Le Trésor	19
La Croix en gage	25
L'Affreux ivrogne	29
La Méchante femme	35
La Golovikha (ou Mairesse)	41
Les Trois copecks	43
L'Avare	49
Le Fou et le Bouleau	53
La Tarentule	59

TABLE

	Pages
Le Forgeron et le Démon	68
Ivan-Cendrillon	71
Le Monstre Norka	77
Maria Morewna	87
Koschéi l'Immortel	105
Le Serpent des Eaux	117
Le Roi des Eaux et Vassilissa la Sage	123
La Baba Yaga	141
Vassilissa la Belle	147
La Sorcière	161
La Sorcière et la Sœur du Soleil	169
L'Esprit du mal (Likho la Borgne)	177
Le Malheur	183
Mère Vendredi	195
Mercredi	197
Le Léshy ou l'Esprit de la forêt	201
Métamorphoses du Dniéper, du Volga et de la Dwina	205
M. Givre	209
L'Aveugle et l'Estropié	219
La Princesse Hélène la Belle	239
Émilien le Nigaud	245
La Jeune Sorcière	251
La Princesse sans tête	255
La Veillée de minuit du soldat	259
Le Sorcier	273
Le Renard médecin	277
Le Ménétrier en enfer	281
La Chevauchée sur la pierre sépulcrale	287
Les Deux Amis	289
Le Linceul	293
Le Couvercle du cercueil	297

TABLE

	Pages
Les Deux Cadavres.	301
Le Chien et le Cadavre.	303
Le Soldat et le Vampire	305
Le Prophète Élisée et Nicolas	311
Le Pope aux yeux avides.	317
La Parole irréfléchie.	325

FIN.

www.ingramcontent.com/pod-product-compliance
Lightning Source LLC
Chambersburg PA
CBHW050256170426
43202CB00011B/1705